# 10대를 위한
# 데일 카네기 인간관계론
*Dale Harbison Carnagey*

데일 카네기, Dale Harbison Carnagey

데일 카네기는 1888년 미국 미주리 주에 있는 한 농장에서 태어났습니다. 어린 시절 자연 속에서 자라나며 책읽기를 즐겼지요. 그때의 경험은 성인이 된 후에도 인간에 대한 이해, 세상에 대한 이해를 높이는 데 큰 영향을 끼쳤습니다.

그는 고향에서 사범대학을 졸업한 후 교사와 세일즈맨 등으로 사회생활을 시작했습니다. 하지만 여러 일에 실패를 거듭하다가 바람직한 삶의 태도에 대해 깊이 고민하는 시간을 가졌지요. 그것이 훗날 대중 강연자의 길로 나서는 계기가 됐는데, 실제 사례와 실천 중심 강연이 호기심을 불러일으켜 빠르게 이름을 알렸습니다.

데일 카네기는 항상 '사람을 사귀고 친구를 만드는 능력'에 대해 강조했습니다. 그와 같은 그의 생각은 『데일 카네기의 인간관계론』, 『데일 카네기의 자기관리론』, 『데일 카네기의 성공대화론』으로 정리되어 큰 인기를 끌었지요. 이 책들은 지금까지 전 세계에서 6천만 부 이상 판매되며 베스트셀러로 자리 잡았습니다.

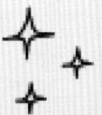

[책을 열며]

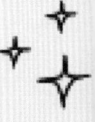

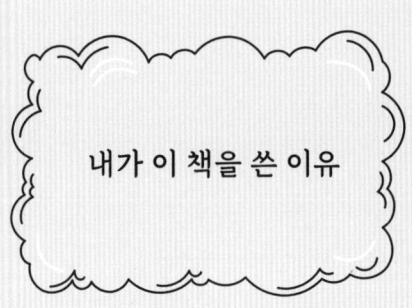

## 내가 이 책을 쓴 이유

나는 오래전부터 미국 뉴욕에서 강연 활동을 해왔습니다. 그 내용은 대중 앞에서 침착하고 분명하게 자신의 생각을 전달하는 방법에 관한 것이지요. 그런데 나는 강의를 할수록, 사람들에게 그보다 먼저 해결해야 할 과제가 있다고 깨달았습니다. 그것은 바로 다른 사람들과 잘 지내기 위한 '인간관계' 훈련이지요. 정말이지 많은 사람들이 타인을 사귀는 데 필요한 이해심과 기술이 부족했거든요.

단지 어른들뿐만 아니라 어린이들에게도 인간관계는 매우 중요한 문제입니다. 엔지니어를 예로 든 카네기교육진흥재단의 연구에 따르면, 전문 지식이 성공에 끼치는 영향은 15퍼센트이고 나머지 85퍼센트는 인간관계의 기술이 좌우한다고 하지요. 그와 마찬가지로 어린이 여러분이 좋은 친구들을 곁에 두기 위해서는 재능이나 성격 못지않게 인간관계에 대한 이해와 기술이 중요하다고 할 수 있습니다.

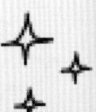

미국의 석유 사업가 존 록펠러는 "사람을 다루는 능력도 커피나 설탕 같은 상품입니다. 나는 그 능력에 세상 다른 어떤 것보다 더 많은 돈을 지불할 준비가 되어 있지요."라고 말했습니다. 그야 말로 사업가다운 발상이기는 하지만, 다른 사람들과 함께하는 인간관계 능력이 그만큼 중요하다는 뜻이지요. 다른 사람들을 설득하고, 나아가 다른 사람들이 내게 호감을 갖게 하는 것이 대단한 능력이라는 의미입니다.

그럼에도 우리 주변에서 인간관계의 훈련에 대해 제대로 설명한 책은 찾아보기 어렵습니다. 서점에 가면 수많은 도서들을 만날 수 있지만, 다양한 자료를 바탕으로 인간관계에 대해 꼼꼼히 설명한 책은 거의 없지요. 어린이를 위한 책은 말할 것도 없고요. 그래서 나는 '친구를 사귀고 사람을 설득하는 법'에 대해 강연하기 시작했습니다. 그런 다음 강연 자료를 차곡차곡 모으고 분석해 내 나름대로 인간관계에 관한 규칙을 만들었지요. 그 결실이 다름 아닌 이 책입니다.

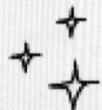

그동안 '데일 카네기의 인간관계론'은 전 세계 독자들에게 큰 사랑을 받았고, 이렇게 어린이를 위한 책으로까지 탄생하게 됐지요. 일찍이 영국의 교육철학자 허버트 스펜서는 "교육의 가장 큰 목적은 지식이 아니라 행동이다."라고 강조했습니다. 그의 말처럼 이 책 『10대를 위한 데일 카네기 인간관계론』에 담긴 지식도 어린이 여러분의 성장에 실질적이고 현실적인 도움이 되기를 바랍니다. 어린이 여러분이 이 책을 통해 배우게 될 바람직한 인간관계를 적극적으로 행동에 옮기면 좋겠습니다.

*Dale Harbison Carnagey*

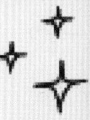

# 이 책을 읽으면서 꼭 실천해 봐요!

1. 인간관계에 관한 규칙을 확실히 공부하겠다는 열정을 가져요.

2. 다음 장으로 넘어가기 전에 앞의 내용을 두 번씩 훑어봐요.

3. 이 책에서 설명한 규칙들을 어떻게 생활에 적용할지 생각하는 시간을 가져요.

4. 중요한 아이디어에는 밑줄을 그어 놓아요.

5. 이 책을 다 읽고 나서도 가까운 곳에 두고 틈틈이 복습해요.

6. 모든 인간관계에 이 책의 내용을 적용하려고 노력해 봐요.

7. 이 책을 읽으면서 내가 어떻게 달라지는지 가까운 친구들에게 물어 봐요.
친구들의 반응이 나의 발전에 도움이 될 거예요.

8. 나의 변화를 스스로 확인해 봐요. 어떤 실수를 하고, 어떤 효과가 있는지,
미래를 위해 어떤 교훈을 얻었는지 스스로에게 묻고 대답해 봐요.

9. 언제, 어떻게 이 책의 규칙을 적용했는지 일기장에 기록해 봐요.

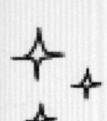

# - 목 차 -

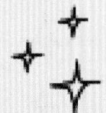

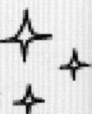

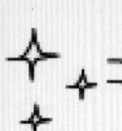

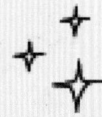

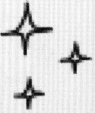

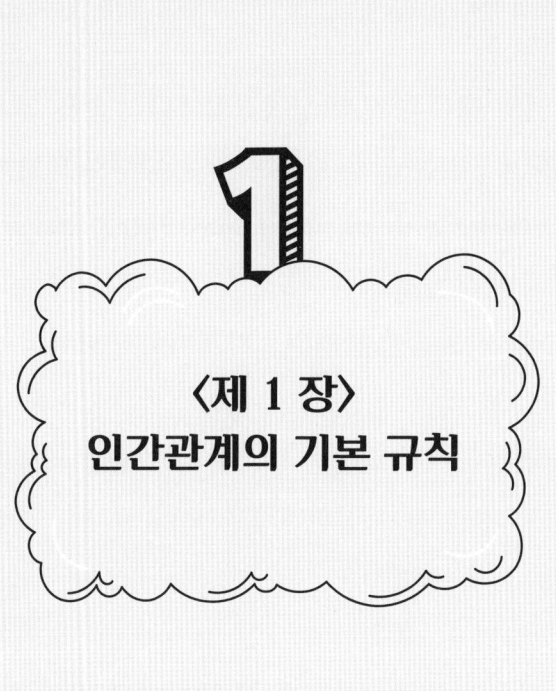

〈제 1 장〉
인간관계의 기본 규칙

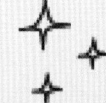

## 〈첫 번째 이야기〉 꿀을 얻으려면 벌집을 걷어차지 마

이번 이야기의 제목은 무척 상징적입니다. '꿀을 얻으려면 벌집을 걷어차지 마.'라는 말은 다른 사람을 함부로 비난해 인간관계를 망치지 말라는 뜻이지요. 왜냐 하면 인간은 스스로 자기 잘못을 잘 깨닫지 못하는 존재니까요. 거기에 대고 비난을 퍼부어 봤자 반성은커녕 반발심만 불러일으키게 마련입니다.

오래전 미국 뉴욕에서 살인범 크로울리가 경찰 특공대에 붙잡혔습니다. 그는 며칠 전 운전면허증을 보여 달라는 경찰관을 다짜고짜 총으로 쏴 살해했지요. 하지만 크로울리는 자신의 죄를 뉘우치지 않았습니다. 법원에 보내는 탄원서에 "내 안에는 지쳐버린 연약한 마음이 있다. 어느 누구도 해치고 싶어 하지 않는 마음이다."라고 쓰기까지 했지요. 그럼에도 사형 판결이 내려지자 "이것이 정당방위를 한 대가란 말인가?" 하며 억울한 표정을 지었습니다.

앞서 말했듯, 인간은 스스로 자기 잘못을 잘 깨닫지 못하는 존재입니다. 어떤 사람들은 살인과 같은 명백한 죄를 짓고도 반성하지 않지요.

어떻게든 자신의 행동을 정당한 것으로 포장하며 다른 이들의 비난을 결코 받아들이려 하지 않습니다. 내가 아는 사업가 존 워너메이커는 이렇게 고백한 적이 있습니다.

"나는 이미 30년 전에 남을 꾸짖는 것이 어리석은 일이라는 것을 깨달았다. 나는 다른 사람들의 말과 행동을 답답해하며 한탄하느니 나의 부족함을 이겨내는 데 더 많은 노력을 기울여왔다."

나는 그의 말이 옳다고 생각합니다. 다른 사람을 비난해 봐야, 그가 곧 방어 태세를 띠며 자신을 변호하려고 애쓰기 때문에 전혀 얻을 것이 없지요. 섣부른 비난은 타인의 소중한 인격에 흠집을 내고 자존심에 상처를 내 분노를 불러일으킬 뿐입니다.

누군가를 막 비난한다고 해서 나의 기분이 좋은 것도 아니고요.

그래서 나는 다른 사람에 대한 비난을 삼가는 것이 인간관계를 좋게 만드는 중요한 규칙 중 하나라고 강조하고 싶습니다. 여기에는 서로 믿지 못해 자꾸 상대방에게 잔소리하고 상처 주는 가족 관계나 툭하면 거친 욕설을 퍼부으며 심술궂게 행동하는 친구 관계 등도 포함되지요.

그들은 서로에 대한 비난부터 멈춰야 행복한 가정, 우정 어린 친구 사이로 변화할 수 있습니다. 다른 사람을 비난하는 것이 얼마나 소용없는 짓인지는 역사에서도 그 사례를 어렵지 않게 찾아볼 수 있지요. 그중 미국의 제16대 대통령이었던 에이브러햄 링컨의 일화를 이야기해볼까요?

링컨은 젊은 시절 남을 자주 비난하는 성격이었습니다. 말로써 이웃사람들을 비난했을 뿐만 아니라, 그들을 조롱하는 편지나 시를 써서 길거리에 놓아두고는 했지요. 그 때문에 링컨에게 증오심을 품은 사람이 한둘이 아니었습니다.

그러던 1842년 가을, 링컨은 허세 잘 부리고 시비걸기 좋아하는 정치인 제임스 쉴즈를 조롱하는 익명의 투고를 한 잡지사에 보냈습니다. 그 글이 실리자 사람들은 쉴즈를 볼 때마다 히죽히죽 비웃어댔지요. 머리끝까지 화가 난 쉴즈는 링컨이 그 원고를 쓴 것을 알아내 결투를 신청했습니다.

링컨은 싸우고 싶지 않았지만 피할 방법이 없었지요. 자칫 목숨을 잃을지 모를 위기였습니다. 다행히 쉴즈의 동료들이 싸움을 말려 가까스로 결투가 중지됐지요.

링컨은 그 일을 통해 큰 교훈을 얻었습니다. 그 날 이후 링컨은 남을 비웃거나 모욕하는 글을 쓰지 않았지요. 그 원칙은 대통령이 되고 나서도 어김없이 지켜졌습니다.

그는 마음 깊이 "남의 비판을 받고 싶지 않으면 남을 비판하지 말라."는 다짐을 새겼지요.

어쩌다 자기 부하가 다른 사람과 갈등을 일으키면 "그 사람을 비난하지 말게. 자네나 나도 비슷한 상황에 놓였다면 그와 같이 행동했을 걸세."라며 다독였습니다.

링컨의 달라진 성품은 1863년 게티즈버그 전투에서 다시 한 번 확인할 수 있었습니다. 당시 조지 미드 장군이 지휘하던 북부군은 로버트 리 장군이 이끌던 남부군을 맹렬히 압박했지요. 조금만 더 밀어붙이면 북부군의 승리로 전쟁이 끝날 상황이었습니다. 링컨은 서둘러 전령을 보내 미드 장군에게 명령했지요.

"장군, 절대로 이번 기회를 놓치지 마시오. 때마침 폭우가 쏟아져 강물이 불어나는 바람에 남부군은 달아날 길도 막혀 버렸소. 그러니 작전 회의나 하며 시간을 보내기보다 당장 총공세를 펼쳐 남부군을 무찌르시오! 리 장군을 생포할 수만 있다면, 남부군은 완전히 전의를 상실해 무릎을 꿇을 거요."

그런데 미드 장군은 링컨의 명령을 곧바로 따르지 않았습니다. 그는 군사들의 안전을 염려해 고민하고 또 고민했지요. 대통령에게는 좀 더 완벽하게 준비한 다음에 공격하는 편이 낫겠다고 의견을 전했습니다.

하지만 하늘까지 도운 그 기회가 영원하지는 않았지요. 머지않아 비가 그치고 강물의 수위가 낮아지자, 리 장군은 캄캄한 밤을 이용해 남부군을 모두 데리고 도망가 버렸습니다. 북부군으로서는 두 번 다시 찾아오기 어려운 절호의 기회를 어이없이 놓친 것이지요. 그 소식을 전해들은 링컨은 몹시 화가 났습니다.

그는 곧 미드 장군을 꾸짖는 편지를 썼지요.

'친애하는 조지 미드 장군께.

 내가 판단하기에, 장군은 이번에 남부군을 섬멸하지 못한 것이 우리에게 얼마나 큰 불행인지 잘 모르는 것 같습니다. 적군의 리 장군을 생포하기만 했어도 승전고를 울렸을 텐데, 그 좋은 기회를 놓쳤으니 또다시 언제 전쟁이 끝날지 알 수 없게 됐습니다. 나는 앞으로 장군에 대해 어떠한 기대도 하지 않겠습니다. 그렇게 좋은 기회를 날려버린 장군이 어디에서, 어떻게 전투를 승리로 이끌 수 있겠습니까? 장군은 분명 두 번 다시 찾아오지 않을 승전의 기회를 허무하게 망쳐 버렸습니다. 나는 말로 표현할 수 없는 엄청난 실망감을 느끼고 있습니다. 그 책임은 전적으로 장군이 져야 합니다.'

이 편지를 받아든 미드 장군의 심정이 오죽했을까요?

하지만 놀랍게도, 미드 장군은 편지를 받지 못했습니다. 왜냐하면 링컨이 편지를 보내지 않았으니까요. 편지는 링컨이 죽은 뒤 그의 서류함에서 발견되었습니다. 나는 그 사실을 알고, 편지를 다 쓴 링컨이 창문 밖을 내다보며 깊은 생각에 잠긴 장면을 상상해 봤지요.

'잠깐, 이렇게 서두르지 않는 것이 좋겠어. 평화로운 대통령 집무실에 앉아 전쟁터의 장군에게 공격하라고 명령하는 것은 쉬운 일이지. 내가 직접 게티즈버그에 가서 병사들의 어려움을 살폈다면, 쉼 없이 들려오는 부상자들의 신음 소리와 전사자들의 시신을 보았다면, 그처럼 간단히 공격 명령을 내리지는 못했을 거야. 그래, 모두 지난 일이야. 내가 이 편지를 보내고 나면 화가 좀 가라앉겠지만, 오히려 미드 장군은 자신의 실수를 정당화하며 나에 대한 불만만 키우겠지. 어쩌면 서운한 마음이 들어서 사령관 직을 내려놓고 군대를 떠나려고 할지도 몰라.'

그래서 결국 링컨은 애써 쓴 편지를 서류함에 그대로 넣어 두지 않았을까요? 그는 이미 여러 경험을 통해 비난과 꾸짖음이 대개의 경우 아무 소용도 없다는 것을 깨달았으니까요.

혹시 어린이 여러분도 주변의 어떤 친구를 비판하고 나무라서 다르게 변화시키고 싶은가요? 좋아요!

하지만 그보다 먼저 자신을 바꿔보는 것이 올바른 순서가 어떨까요? 다른 사람을 바꾸려고 하는 것보다 자기 자신을 바꾸는 것이 훨씬 쉬운데다 얻는 것도 더 많을 테니까요. 영국의 시인 로버트 브라우닝은 "인간은 자기 자신과 싸움을 시작할 때 가장 가치 있는 사람이 된다."라고 말했습니다.

중국의 사상가 공자는 "내 집 앞이 더러운데 옆집 지붕에 눈 쌓인 것을 탓하지 말라."라고 했지요.

인간은 나쁜 짓을 해놓고도 반성하기는커녕, 자신이 아닌 다른 사람들 탓을 한다고 생각 들 때가 많습니다. 살인범 크로올리의 뻔뻔함이 특별한 것만은 아니지요. 그런 경우 타인을 향한 비난은 '집비둘기'와 같다고 비유할 수 있습니다.

집비둘기는 언제나 자기 집으로 돌아오는 법이니까요. 우리가 아무리 정당한 비판을 하고 잘못을 바로잡아 주려고 해도 사람들은 이런저런 핑계를 대며 오히려 비난의 화살을 되돌리기 십상입니다. 안타깝지만, 그것이 현실일 때가 적지 않지요. 따라서 다른 사람들에 대한 비난은 매우 신중해야 합니다.

그리고 나 아닌 누군가를 비난하고 싶은 마음이 생길 때는 그보다 먼저 그 사람을 이해하려는 노력이 필요합니다.

그 사람이 왜 그렇게 말하고 행동하는지 따뜻한 마음으로 살펴볼 줄 알아야 하지요. 그런 과정을 통해 '공감'과 '관용'을 이룰 가능성이 높아집니다.

## 〈두 번째 이야기〉 인간관계의 비결

 사람을 움직이게 하는 방법은 하나밖에 없습니다. 그렇게 되도록 스스로 마음먹게 하는 것이지요. 다른 방법은 없습니다. 물론 겁을 먹게 하거나 엄포를 놓아 강제로 움직이게 할 수는 있지요. 하지만 그것은 언젠가 격렬한 저항을 불러오게 마련입니다. 그러므로 사람을 움직이려면 스스로 마음먹게 해야 하고, 그러려면 그 사람을 진심으로 존중해 줘야 합니다.

 미국의 심리학자 존 듀이는 인간이 '중요한 존재로 인정받으려는 욕망'이 아주 크다고 주장했습니다. 그러니까 사람들은 너나없이 다른 사람들로부터 인정받아 '자아존중감'을 느끼고 싶어 한다는 말이지요. 그것이 바로 스스로 움직이기 위해 사람들이 바라는 것입니다.

 자신의 가치를 인정받으려는 욕구는 인간과 동물을 구분 짓는 중요한 특징입니다. 만약 인간에게 그런 심리가 없다면 오늘날과 같이 문명 발달을 이룰 수 없었겠지요. 문명이 없으면 인간도 동물과 다를 바 없습니다.

사람들 개개인의 삶을 살펴봐도 마찬가지입니다. 따지고 보면, 찰스 디킨스가 불멸의 소설을 쓰게 된 것도 사람들에게 인정받고 싶은 욕구 때문입니다. 영국의 건축가 크리스토퍼 렌이 세인트폴 대성당 같은 위대한 건축물을 만든 것도, 존 록펠러가 석유 사업을 벌여 평생 쓸 수도 없을 만큼 큰돈을 번 것도 다 그런 심리 때문입니다.

물론 그와 같은 욕망이 꼭 거창한 결실을 맺는 것은 아닙니다. 그저 남들보다 좋은 옷을 입고, 좀 더 넓은 집에 살며, 거리낌 없이 자식 자랑을 하는 유치한 과시욕도 모두 타인에게 인정받으려는 욕망에서 비롯됩니다.

그럼 누군가에게 자신이 중요한 존재로 인정받고 있다는 확신을 주려면 어떻게 해야 할까요? 그것이 다름 아닌 내가 이번 이야기를 통해 전달하려는 인간관계의 비결입니다. 대표적인 사례로, '철강왕'으로 유명한 미국 기업가 앤드류 카네기에 관한 일화를 소개하지요.

어느 날, 카네기의 회사에서 일하던 인사 담당 직원이 사고로 목숨을 잃고 말았습니다.

먼저 유족을 위로한 카네기는 그의 묘비명을 직접 써 주기로 했지요. 그 내용은 '자기보다 슬기로운 사람들을 주변에 모이게 하는 방법을 안 슬기로운 사람 여기에 잠들다.'였습니다. 그 문구는 인사 담당 직원에게 해줄 수 있는 최고의 칭찬이었지요. 그 사람에게 훌륭한 인재를 알아보고 채용하는 뛰어난 능력이 있었다는 뜻이니까요.

언젠가 카네기는 한 언론사와 인터뷰를 하면서 다음과 같은 말을 한 적도 있습니다.

"난 그동안 전 세계를 돌아다니며 여러 훌륭한 분들을 만났습니다. 그런데 아무리 지위가 높은 사람이어도 누군가에게 비난받으면서 일을 더 열심히 하는 경우는 본 적이 없지요. 그들 역시 누군가에게 인정받을 때 무슨 일이든지 더 의욕적으로 해냈습니다."

당시 카네기 회사의 직원 중에는 찰스 슈왑이라는 사람이 있었습니다. 그는 20세기 초에 무려 연봉 100만 달러를 받은 대단한 인물이었지요. 카네기는 왜 찰스 슈왑에게 그처럼 엄청난 연봉을 주었을까요?

슈왑이 천재여서? 아닙니다. 그가 다른 사람들보다 철강 제조 공정에 대해 잘 알고 있어서? 아닙니다. 그보다 철강 제조 공정을 잘 아는 사람은 이미 회사 안에 적지 않았지요.

슈왑은 자신이 연봉을 많이 받는 이유에 대해 스스로 밝힌 적이 있습니다. 그 기업가에 그 직원이라고 해야 할까요? 슈왑이 말한 고액 연봉의 비결은 의외로 간단했습니다.

"사람들의 열정을 불러일으키는 능력이 제가 가진 최고의 자산인 것 같습니다. 열정을 불러일으키는 비결은 칭찬과 격려입니다. 상사의 비난만큼 직원의 의욕을 꺾는 것도 없지요. 나는 결코 사람들을 비난하지 않습니다. 그보다는 사람들에게 동기를 부여하는 것이 효과적이라고 믿습니다. 그래서 나는 다른 사람들을 칭찬하려고 애쓰고, 결점을 찾아내지 않으려고 노력합니다. 누군가 해낸 일이 마음에 들면 나는 진심으로 그 성과를 인정하고 아낌없이 칭찬합니다."

슈왑의 이야기는 앞서 옮긴 카네기의 언론사 인터뷰와 다르지 않습니다. 그 역시 상대를 비난하고 꾸짖기보다 존중하고 칭찬해서 그 사람이 가진 능력을 최대한 끌어낼 줄 알았지요. 그래서 카네기가 그에게 고액 연봉을 기꺼이 내주었던 것입니다.

여러 차례 언급한 록펠러의 성공에도 비슷한 일화가 전해집니다. 그는 사업 초기 동업자였던 에드워드 베드포드가 외국에서 물건을 잘못 구매해 회사에 큰 피해를 입혔을 때 비난 대신 칭찬으로 용기를 북돋워 준 적이 있습니다.

록펠러가 보기에 베드포드는 깜빡 실수를 했을 뿐이며, 그래도 회사의 피해를 줄이기 위해 끝까지 최선을 다했으니까요. 더구나 그 일은 이미 어떻게 해볼 수 있는 단계를 넘어섰으니 꾸짖고 다그쳐 봐야 달라질 것이 없었지요.

그는 짐짓 미소를 띠며, 가까스로 투자한 돈의 60퍼센트나마 회수한 동업자를 격려했습니다.

"힘든 상황에서 그만큼 피해를 줄인 것만 해도 대단해! 자네, 정말 수고했어!"라고 말이지요.

그런데 보통 사람들은 카네기나 슈왑, 록펠러와 정반대로 말하고 행동할 때가 많습니다. 그들은 어떤 상황이 마음에 안 들면 상대에게 버럭 짜증을 내지만, 자기 마음에 흡족하면 오히려 아무 반응도 보이지 않은 채 지나가지요. 비난은 그토록 쉽게 하면서 칭찬에는 인색한 잘못을 범하는 것입니다. 그렇게 거꾸로 다른 사람들을 대하니까 자신의 성공도 이루기 어렵지요.

부모가 자기 아이들에게 일주일 동안 음식을 가져다주지 못한다면 크나큰 죄책감을 느끼게 마련입니다. 회사 사장이 직원들에게 서너 달 월급을 주지 못해도 마찬가지겠지요. 그런데 사람들은 왜 일주일 동안, 서너 달 동안, 또는 1년이 넘도록 누군가를 칭찬 한 번 하지 않고 넘어가는 것을 대수롭지 않게 여길까요?

생명을 지키는 영양분만큼, 일상생활을 꾸려가는 돈만큼 중요한 것이 자존감인데 말이에요. 다시 강조하건대, 칭찬은 다른 사람들을 중요한 존재로 인정해 스스로 움직이게 하는 가장 효과적인 인간관계의 비결입니다.

그런데 이쯤에서 어린이 여러분이 꼭 주의해야 할 점이 한 가지 있습니다. 언뜻 칭찬과 헷갈릴 수 있는 '아첨'을 구별해야 한다는 것이지요.

아첨은 남에게 환심을 사거나 잘 보이려고 알랑거리는 것입니다. 아첨은 유치하고, 이기적이며, 진실하지 않지요. 길게 보면, 아첨은 결국 얻는 것보다 잃는 것이 많은 한심한 짓입니다. 아첨은 위조지폐와 같아서 말하는 쪽이나 듣는 쪽이나 모두 곤란에 빠뜨리고야 마는 어리석은 짓입니다. 칭찬이 마음에서 우러나오는 것이라면, 아첨은 입술이 가볍게 던지는 뜬구름 같은 말입니다. 칭찬은 모든 사람들이 좋아하지만, 아첨은 끝내 누군가에게 상처를 입히고 맙니다. 한마디로, 아첨은 값싼 칭찬입니다.

"너를 공격하는 적을 두려워 말라. 너에게 아첨하는 자들을 경계하라."

멕시코의 장군 알바로 오브레곤이 남긴 명언입니다. 영국 국왕 조지 5세는 다음과 같은 말을 했습니다.

"아첨은 받지도, 주지도 말아야 한다."

그렇다면 어린이 여러분이 아첨이 아니라 칭찬에 익숙해지려면 어떻게 해야 할까요?

사람들은 대부분의 시간을 자신에 대해 생각하면서 보냅니다. 그럼 이제 잠시나마 자신에 대한 생각을 멈추고 다른 사람의 장점에 대해 생각해 보면 어떨까요? 그러면 우리의 말과 행동이 곧 천박한 거짓인 아첨을 버리고 칭찬에 익숙해지게 될 것입니다. 그것이 바로 다른 사람들의 자아존중감을 높여줄 진실한 칭찬이지요. 당연히 인간관계가 좋아질 수밖에 없습니다.

## ⟨세 번째 이야기⟩ 상대방이 바라는 게 뭘까?

내 취미는 낚시입니다. 좋아하는 간식은 딸기빙수고요. 나는 여름마다 낚시를 다니면서 딸기빙수를 즐겨 먹습니다. 그런데 내가 잡으려는 물고기와 딸기빙수는 아무런 연관성이 없지요. 무슨 말인가 하면, 내가 낚시와 딸기빙수를 좋아한다고 해서 물고기 잡을 때 딸기빙수를 미끼로 쓰지는 않는다는 뜻입니다. 당연히 낚시할 때는 물고기가 좋아하는 떡밥이나 지렁이 같은 미끼를 써야 하지요.

내가 어떤 사람의 마음을 얻으려고 할 때도 그와 다르지 않은 규칙이 작용합니다. 상대방을 물고기에 비유한다면, 내가 좋아하는 딸기빙수가 아니라 그 사람이 좋아하는 것이 뭔가를 알아야 한다는 의미입니다.

 사람들은 흔히 자신이 원하는 것에 대해서만 이야기합니다. 그것은 정말 미숙한 행동이지요. 물론 인간은 자신이 원하는 것에만 관심이 있습니다. 그러나 다른 사람은 내가 흥미로워하는 것에 시큰둥할 때가 많지요. 당연한 말이지만, 모든 사람이 나처럼 자신이 원하는 것에만 관심을 갖습니다.

 그러므로 다른 사람의 마음을 움직이려면 상대방이 원하는 것에 대해 말하고, 상대방이 관심 갖는 것에 공감해야 합니다. 아무리 내 생각이 옳아도 억지로 상대방을 움직이게 할 수는 없지요.

미국의 사상가 중에 랄프 왈도 에머슨이라는 인물이 있습니다. 어느 날, 그는 아들과 함께 들판에 나와 있는 송아지 한 마리를 축사에 몰아넣으려고 했지요. 하지만 에머슨과 아들은 자신들이 원하는 것만 생각하는 실수를 저질렀습니다. 두 사람은 다짜고짜 온 힘을 다해 송아지의 몸을 밀어붙였지요. 물론 송아지 역시 에머슨 부자와 똑같이 자기가 원하는 것만 생각했습니다. 송아지는 네 다리로 버티고 서서 축사에 들어가지 않으려 안간힘을 썼지요.

그때 마침 아일랜드 출신 하녀가 그 광경을 보았습니다. 그녀는 에머슨처럼 책을 쓸 지식과 능력은 없지만, 그런 상황에서 어떻게 행동해야 하는지는 잘 알고 있었지요. 송아지의 습성을 꿰뚫고 있었으니까요. 그녀는 잠시 송아지가 원하는 것이 무엇인지 생각해 보았습니다. 그리고는 곧 축사에 있는 우유병을 가져와 송아지의 입속에 집어넣었지요. 그렇지 않아도 배가 고팠던 송아지는 힘차게 우유병 젖꼭지를 빨았습니다. 그러자 그녀는 송아지가 계속 우유병을 빨게 하면서 천천히, 그리고 평화롭게 축사로 이끌었지요.

어린이 여러분, 어떤가요? 상대의 마음을 얻으려면 그 사람이 원하는 것에 관심을 기울여야 한다는 말을 이해했나요?

자동차 왕으로 불리는 헨리 포드는 "나의 성공 비결은 다른 사람의 생각을 정확히 파악하려고 노력한 데 있다. 그것은 나의 입장뿐만 아니라, 상대방의 시각에서 사물을 바라볼 줄 아는 능력이다."라고 말했습니다.

앤드류 카네기 역시 "다른 사람을 움직이게 하는 효과적인 방법은 그가 원하는 것을 이야기하는 것이다."라고 말했지요. 그래서 두 기업가는 모두 사업에 큰 성공을 거둘 수 있었던 것입니다. 그런데 언뜻 간단해 보이는 이 규칙을 90퍼센트가 넘는 대부분의 사람들은 무시하기 일쑤지요.

언젠가 내가 강연을 할 적에 한 할머니가 찾아와 고민을 털어놓았습니다. 6살짜리 손자가 아직도 밤에 오줌을 싼다고 이야기했지요. 몇 번이나 어르고 달랬지만 소용없다고 푸념했습니다. 그러면서 할머니는 손자가 곧 학교에 갈 텐데 이부자리에 오줌 싸는 습관을 어떻게 고칠 수 있을지 물었습니다.

나는 요즘 손자가 무엇을 갖고 싶어 하는지 질문했습니다. 할머니는 아이가 얼마 전부터 새 침대를 사달라고 조른다며 못마땅한 표정을 지었습니다. 잠자리에서 오줌도 못 가리는 데 새 침대를 왜 사주냐고 덧붙였지요. 그래서 나는 손자에게 새 침대를 사주라고 조언했습니다. 거기에 더해 아이의 아빠가 입는 것과 비슷한 어른스런 잠옷도 사주라고 했지요. 나는 이어 할머니에게 당부했습니다.

"새 침대와 잠옷을 사주고 나서 손자에게 이렇게 물어보세요. '이렇게 멋진 침대와 어른스런 잠옷을 입고도 어린애마냥 오줌을 싸면 되겠니?'라고요."

그 날 집으로 돌아간 할머니는 나의 조언을 당장 실천에 옮겼습니다. 모든 일이 예상대로 진행됐지요. 나중에 들어보니, 할머니의 물음에 손자가 이렇게 대답했다고 합니다.

"할머니, 나 이제 잠자리에서 절대로 오줌 안 쌀 거예요. 이런 잠옷을 입으면 더 이상 어린애가 아니잖아요. 그리고 깨끗한 새 침대를 오줌으로 더럽힐 수는 없어요!"

어떤가요, 여러분?

바로 이것이 상대방이 바라는 것을 들어줬을 때 생기는 바람직한 효과입니다. 아이는 아빠의 잠옷과 비슷한 것을 입으면 자기도 어른스럽게 행동해야 한다고 생각했지요. 어른이 이부자리에 오줌을 쌀 수도 없는 노릇이잖아요. 또한 아이는 그토록 갖고 싶어 하던 침대를 사준 할머니를 위해 자기도 뭔가 보답하고 싶다고 생각했습니다. 그때 가장 먼저 든 생각이 깔끔하게 오줌을 가리는 일이었지요. 할머니가 그 문제로 속상해하는 것을 모르지 않았으니까요.

그와 비슷한 사례는 또 있습니다. 내 이웃들 중에 5살짜리 딸을 키우는 젊은 부부가 있었지요. 그들은 아이가 아침 식사를 잘 하지 않아 걱정이 컸습니다. 어느 날 그 집에 초대받아 갔던 나는 아이 엄마의 고민을 듣고 단박에 해결 방법을 떠올렸지요.

"아이가 엄마의 아침 식사 준비를 거든 적이 있나요?"
"아니요. 한 번도 그런 적이 없어요. 아시다시피, 주방에는 어린아이에게 위험한 물건들이 있잖아요."

"그렇군요. 그럼 내일 아침에는 아이에게 식사 준비를 도와달라고 해보세요. 칼처럼 위험한 주방 도구는 미리 치워 두시고요."

다음날, 그 집의 아침 식사 메뉴는 달걀 프라이와 시리얼이었습니다. 아이는 엄마가 시키는 대로 달걀을 뒤집고 시리얼 접시에 우유를 부었지요. 그리고는 엄마 아빠가 말하기 전에 스스로 식탁에 앉아 그 음식을 먹기 시작했습니다. 그야말로 작은 기적이라고 할 만했지요.

'자기표현 욕구는 인간의 가장 중요한 본성 중 하나다.'라는 말이 있습니다. 본성이란, 사람이 본디부터 가진 성질을 가리키지요.

젊은 부부의 5살짜리 딸은 평소 엄마의 식사 준비에 호기심이 많았습니다. 그러나 어른들이 주방에 가까이 가지 못하게 자꾸 말려 불만이 적지 않았지요.

그러던 중 엄마가 갑자기 아침 식사 준비에 참여시키자 신바람이 난 것입니다. 원체 입이 짧아 식탁에 잘 앉지 않으려 했지만, 스스로 만든 음식은 경우가 달랐지요. 아이는 자기가 만든 달걀 프라이와 시리얼을 얼른 맛보고 싶어 했습니다. 평소 자기가 원하는 것을 엄마가 들어주었으니 그보다 기쁜 일이 없었지요. 그날 아이는 어찌나 신이 났던지 아빠를 보자마자 의기양양하게 "아빠, 오늘 아침 식사는 내가 만들었어!"라고 소리치기까지 했습니다.

"다른 사람의 입장에 서서 그의 마음을 읽는 능력을 가진 사람은 미래를 걱정할 필요가 없다." 이것은 미국의 법률가 오언 영이 한 말입니다. 어린이 여러분도 인간관계에서 이 말을 꼭 명심할 필요가 있습니다. 나의 생각만 고집하지 말고 반드시 상대방의 입장과 바람을 헤아릴 줄 알아야 합니다.

자, 그럼 이번 장에서 배운 내용을 다시 한 번 정리해 볼까요?

첫째, 다른 사람을 함부로 비난하거나 불평하지 말아야 합니다. 그보다 먼저 그 사람을 이해하려고 노력해야 하지요.

둘째, 다른 사람을 진심으로 칭찬해야 합니다. 그러면 그 사람도 스스로 여러분의 장점을 찾으려고 합니다.

셋째, 다른 사람이 바라는 것에 주목해야 합니다. 상대방이 바라는 것을 진지하게 들어주고 공감하면, 그 사람도 틀림없이 여러분에게 마음을 열 것입니다.

# 잠깐, 생각해봐

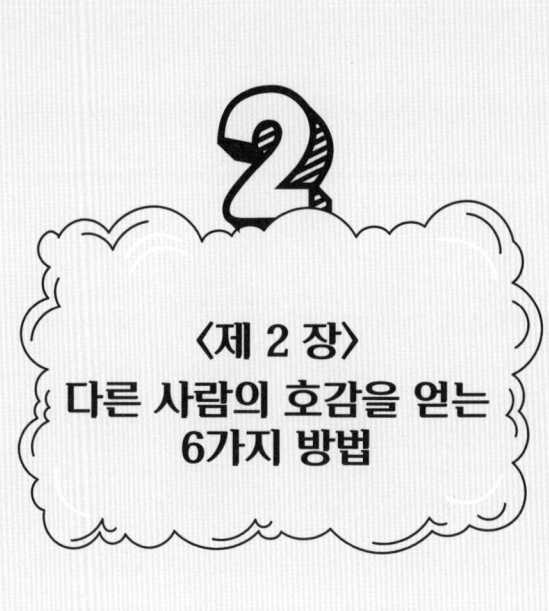

〈제 2 장〉
다른 사람의 호감을 얻는
6가지 방법

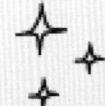

## 〈첫 번째 이야기〉 다른 사람에게 진심으로 관심을 가져

어린이 여러분이 친구를 사귀고 싶다면, 나 아닌 그 사람에게 깊은 관심을 가져야 합니다. 인간은 누구나 이기심이 있지요. 아무리 좋아하는 사람이라고 해도 나의 흥미나 즐거움부터 앞세우게 됩니다.

하지만 그런 태도로는 친구를 사귀기 어렵습니다. 상대방에게 최대한 관심을 기울여야 그 사람도 내게 호의를 갖게 됩니다. 오스트리아 심리학자 알프레드 아들러는 『인생의 의미는 무엇인가』라는 책에서,

"인생에서 가장 큰 어려움을 겪는 사람은 타인에게 관심이 없는 사람이다. 그런 인간은 자신이 하려는 일에도 실패하게 마련이다." 라고 말했습니다.

이쯤에서 하워드 서스톤이라는 유명한 마술가의 일화를 이야기해야겠습니다. 그는 40여 년 동안 전 세계를 돌아다니며 공연을 펼쳐 무려 6천만 명의 관객을 불러 모았다고 합니다. 그처럼 큰 성공을 거둔 비결이 무엇이었을까요?

서스톤의 마술 실력이 특별이 뛰어났던 것은 아닙니다. 그만큼 마술을 할 수 있는 사람은 적잖이 있었지요. 하지만 무대 위에서 펼치는 그의 마술쇼는 누구도 흉내 내지 못할 만큼 최고였습니다. 그는 자신의 표정과 움직임 하나까지 치밀하게 계산해 관객들이 마술에 더욱 빠져들게 했지요. 그리고 무엇보다, 그는 인간에 대한 진실한 관심이 있었습니다.

당시 일부 마술가들은 자신의 공연을 보러 온 관객들을 우습게 여기는 못된 버릇이 있었습니다. '오늘도 바보 같은 관객들이 많이 왔군. 저런 멍청이들을 속이는 건 식은 죽 먹기야.'라고 중얼대면서 말이지요. 그러나 서스톤은 달랐습니다.

그는 항상 "많은 사람들이 내 쇼를 보러 와 줘서 참 감사한 일이야. 내가 잘 살 수 있는 것도 다 관객 덕분이지. 오늘도 내가 할 수 있는 최선의 공연을 보여줘야겠어."라고 마음먹었지요. 그런 마음자세를 가진 사람이 어떻게 성공하지 않을 수 있겠어요?

미국의 제32대 대통령 프랭클린 루스벨트도 서스톤 못지않게 다른 사람들을 진실하게 대한 인물입니다. 그는 설령 신분이 낮은 사람이라 하더라도 다정히 관심을 기울였지요.

루스벨트는 대통령 재임 시절, 백악관에서 일하는 사람들에게 먼저 인사를 건넬 때가 많았습니다. 음식 만들고 청소하는 사람들 앞에서도 이름난 정치인을 대하듯 언제나 정중했지요. 또한 그들의 이름을 기억해 일일이 불러주는 다정함도 보였습니다.

"엘리스, 어제 먹은 빵이 아주 맛있었소. 당신의 빵을 맛볼 수 있는 나는 정말 행운아요.", "어이쿠, 백악관 정원이 이렇게 아름다운 이유를 난 오늘에서야 비로소 깨달았군. 헨리, 당신이 최고의 정원사구려!"

이런 말을 들은 요리사와 정원사가 어떻게 루즈벨트 대통령을 사랑하고 존경하지 않을 수 있을까요? 힘들게 일하는 청소부에게도 먼저 다가가 이름을 부르며 고마움을 전하는 대통령을 대체 누가 싫어할까요? 그처럼 다른 사람을 향한 솔직하고 따뜻한 관심은 루즈벨트 대통령의 성공에 중요한 밑거름이 되었습니다.

마술사 서스톤이나 루스벨트 대통령 같은 삶의 자세는 어디에서나 환영받게 마련입니다. 인간은 누구나 자신을 존중하고, 자신에게 진솔하게 관심 가져주는 사람을 좋아하니까요. 그러므로 이미 그와 같은 삶의 자세를 가진 사람이라면 친구를 사귀거나 타인을 설득하는 데 별 어려움이 없을 것이 틀림없습니다.

어린이 여러분, 진정한 친구를 사귀고 싶다면 먼저 상대방에게 깊은 관심을 가져야 합니다. 그가 무엇을 좋아하는지, 그의 장래 희망이 무엇인지, 또 그의 성격이 어떤지 등을 제대로 알아야 하지요. 그러려면 여러분의 노력과 이해, 때로는 희생이 필요할지도 모릅니다.

내가 질문하겠습니다. 사람들이 여러분을 좋아하게 만들고 싶나요?

정말 그런 바람이 간절하다면, 나는 다시 한 번 "다른 사람들에게 진심으로 관심을 가져라!"라고 말하겠습니다. 그것이 타인의 호감을 얻는 첫 번째 비결입니다.

## 〈두 번째 이야기〉 진심을 다해 환하게 미소 지어

얼마 전, 나는 뉴욕에서 열린 한 행사에 참석했습니다. 마침 거기에 엄청난 유산을 상속받은 부잣집 사모님이 와 있었지요. 이따금 신문에서 그녀에 관한 기사를 읽은 터라, 나는 굳이 인사를 나누지 않아도 친밀감을 느꼈습니다.

그런데 사모님의 행동이 왠지 부자연스러워 보이더군요. 그녀는 짐짓 웃음을 띠며 사람들에게 좋은 인상을 주려고 애썼지만 표정이 밝지 않았습니다. 몸에는 여기저기 값비싼 보석을 걸쳤지만 표정이 어두우니 사람들이 서서히 그녀와 거리를 두려고 하더라고요. 나는 그녀가 다른 사람들과 어울리기 귀찮아하는 것을 알아챘습니다. 그녀는 내심 다른 사람들을 얕잡아보기까지 하는 눈치였지요. 그러니 아무리 웃어 보여도 진심이 담기지 않았기에 그녀의 차가움은 사람들에게 금방 탄로 나고 말았지요.

 나는 언젠가 100만 달러의 연봉을 받는 찰스 슈왑을 만난 적도 있습니다. 그는 나를 보고 환하게 웃음 지었는데, 그 미소는 행사장의 사모님과 달리 진심이 가득해 보였지요. 그의 말 한마디, 행동 하나가 다 따뜻했으니까요. 슈왑도 자신의 미소에 자부심을 갖고 있었습니다.

 그는 스스로 "내 연봉뿐만 아니라 내 미소도 백만 달러짜리요." 라며 농담 아닌 농담을 하더라고요. 나 역시 그의 훌륭한 인격과 더불어 매력적인 미소가 성공의 열쇠였다는 점을 잘 알고 있었습니다.

 네, 그렇습니다. 때로는 백 마디 말보다 진심어린 미소가 훨씬 더 설득력이 있습니다. 그 미소에는 "나는 당신을 좋아해요. 당신은 나를 행복하게 해줍니다. 나는 당신을 만나게 되어 정말 기쁩니다."라는 의미가 담겨 있으니까요. 하지만 거짓 웃음에는 아무도 속지 않습니다. 그런 가식적인 미소에는 오히려 화가 치밀기도 합니다.

진심어린 미소의 위력이 얼마나 대단한지 편지 한 통을 소개하겠습니다. 이 편지는 나의 강연을 듣고 삶의 태도가 변화한 어느 증권 거래인의 사연입니다.

'저는 결혼한 지 18년이 되었습니다. 그동안 아침에 일어나 출근하기 전까지 아내에게 미소 띤 얼굴을 보이거나 다정한 말을 건넨 적이 별로 없지요. 회사로 가는 길에도 내 표정은 아주 무뚝뚝하기 그지없었고요. 그러다가 선생님의 강연을 듣고 나 자신을 깊이 반성했습니다. 나는 당장 삶의 태도를 바꿔, 아침에 일찌감치 일어난 아내에게 웃음 띠며 따뜻하게 인사했지요.

"여보, 잘 잤어? 일찍 식사 준비를 하느라 피곤하겠네?"라고 말이에요. 그러자 아내가 휘둥그레진 눈으로 감격한 표정을 짓더군요. 그 날 이후 우리 가정은 전에 없던 행복을 만끽하게 됐습니다.

저는 그와 같은 삶의 태도를 회사에서도 이어 갔습니다. 다른 직원들에게 먼저 인사하고, 업무에 의견 차이가 있더라도 되도록 미소를 잃지 않으려고 했지요. 그러자 다른 직원들도 제게 호감 어린 얼굴로 다가왔습니다. 자연히 회사 일이 잘 풀렸고, 승진도 하게 됐지요. 아울러 저는 선생님의 말씀대로 다른 사람들을 함부로 비난하는 대신 감사와 칭찬의 말로써 대하려고 노력했습니다. 저는 옛날과 완전히 달라졌지요.

이제 저는 지난날보다 더 행복하고, 친구도 많아졌습니다. 가족을 더 사랑하게 된 것은 말할 것도 없고요.'

어린이 여러분, 이 사람의 변화가 정말 놀랍지 않나요? 삶의 태도를 바꾼 것만으로도 더 즐거운 인생을 살아가게 된 이 사람의 변화가 정말 대단하지 않나요?

그러나 나의 강연을 들은 모든 사람이 그와 같은 변화에 성공한 것은 아닙니다. 아직도 많은 사람들이 잘못된 습관과 태도를 버리지 못하고 있지요. 그러면 대체 어떻게 해야 그 증권 거래처럼 긍정적인 변화를 맞이하게 될까요?

나는 여러분에게 이렇게 이야기하겠습니다. "웃어라! 억지로라도 웃어라!"라고 말입니다. "행동이 감정을 따라오는 것 같지만, 사실 행동과 감정은 동시에 일어난다. 그러므로 유쾌해지기 위한 최고의 방법은 스스로 유쾌한 마음을 가져 이미 기분이 좋은 것처럼 행동하고 이야기하는 것이다."라는 하버드대학 교수 윌리엄 제임스의 주장에 우리는 귀기울여 볼 필요가 있습니다.

결국 인생의 행복은 외부 조건이 아니라 우리의 마음가짐에 달려 있다는 것입니다. 일찍이 영국의 대문호 윌리엄 셰익스피어는 "세상에는 좋고 나쁜 것이 없다. 사고방식이 그렇게 만들뿐이다."라고 이야기했습니다.

지금 자신의 처지가 불우하다며 속상해하는 어린이가 있나요? 그렇다면 셰익스피어의 말을 꼭 명심하기 바랍니다.

나는 여러분에게 이렇게 이야기하겠습니다. "웃어라! 억지로라도 웃어라!"라고 말입니다. "행동이 감정을 따라오는 것 같지만, 사실 행동과 감정은 동시에 일어난다. 그러므로 유쾌해지기 위한 최고의 방법은 스스로 유쾌한 마음을 가져 이미 기분이 좋은 것처럼 행동하고 이야기하는 것이다."라는 하버드대학 교수 윌리엄 제임스의 주장에 우리는 귀기울여 볼 필요가 있습니다.

결국 인생의 행복은 외부 조건이 아니라 우리의 마음가짐에 달려 있다는 것입니다. 일찍이 영국의 대문호 윌리엄 셰익스피어는 "세상에는 좋고 나쁜 것이 없다. 사고방식이 그렇게 만들뿐이다."라고 이야기했습니다. 지금 자신의 처지가 불우하다며 속상해하는 어린이가 있나요? 그렇다면 셰익스피어의 말을 꼭 명심하기 바랍니다.

어린이 여러분, 이제 학교에 가려고 대문을 나설 때마다 하늘을 올려다보며 맑은 공기를 실컷 들이마셔 봐요. 가슴을 펴고 따사로운 햇볕을 한껏 안아 봐요. 그리고 친구를 만나면 활짝 미소 지으며 다정한 목소리로 먼저 인사해 봐요. 그러면 여러분의 하루가 더없이 즐거울 거예요. 여러분의 인생도 점점 행복해질 것이 틀림없습니다.

그럼 미국에서 한때 유명했던 광고 문안을 옮기며 이번 장을 마치겠습니다. 여러분도 한번 큰 소리로 따라 읽어보도록 해요.

'미소는 돈 들이지 않고도 많은 것을 이루어 냅니다.

미소는 주는 사람을 가난하게 만들지 않으면서 받는 사람의 마음을 풍족하게 합니다.

미소를 살 수 있는 부자는 없고, 미소를 누리지 못할 만큼 가난한 사람도 없습니다.

미소는 가정에 행복을 주고, 사회생활을 성공으로 이끌며, 우정의 약속이 됩니다.

미소는 지친 사람에게 위로를, 낙심한 사람에게 희망을, 아픈 사람에게 자연의 해독제가 됩니다. 하지만 진심으로 미소를 전하지 않으면, 절대로 미소의 가치를 알 수 없습니다.'

## 〈세 번째 이야기〉 친구를 얻으려면 이름부터 기억해

앞서 앤드류 카네기에 관한 이야기를 몇 차례 했습니다. 이미 설명했듯, 그는 '철강왕'으로 불리던 대단한 사업가였지요. 당시 만 해도 미국 역사상 가장 돈을 많이 번 기업인으로 손꼽힐 정도 였습니다. 그렇다면 카네기의 성공 비결은 무엇이었을까요?

놀랍게도, 카네기는 정작 철강 제조에 대해 자세히 알지는 못했 다고 합니다. 그는 다만 철강 제조 전문가 수백 명을 고용해 열심 히 일하도록 이끌었을 뿐이지요.

그러니까 그는 재능 있는 사람들이 자신의 능력을 최대한 발휘 하도록 하는 뛰어난 리더십을 가졌던 것입니다. 그와 같은 리더 십에는 타인의 이름을 기억하고 존중했던 습관이 포함되어 있지 요.

카네기가 10살 때 있었던 일입니다. 그는 집에서 토끼를 키웠는데, 그 수가 점점 불어나 어느새 20마리 가까이 됐지요. 토끼는 번식력이 매우 강한 동물이거든요.

 그래서 매일 먹잇감을 구하는 일이 만만치 않았습니다. 카네기는 고민 끝에 한 가지 묘안을 생각해낸 뒤 친구들을 불러 모았지요. 그리고는 진지한 표정으로 말했습니다.

 "우리 함께 토끼들에게 먹일 풀을 베러 갈래? 나를 도와주면 우리 집 토끼들한테 각각 너희의 이름을 붙여줄게."

그러자 친구들은 환호성을 지르며 기뻐했습니다. 많은 친구들이 도와준 덕분에, 얼마 지나지 않아 닷새 넘게 토끼들에게 먹일 클로버와 민들레 같은 풀들을 잔뜩 모을 수 있었지요.

그 날 이후 카네기는 사업을 하면서도 그때의 기억을 떠올리고는 했습니다. 그는 일찌감치 사람들이 너나없이 자신의 이름에 남다른 가치를 갖고 싶어 한다는 사실을 깨우쳤지요.

카네기가 젊은 시절 한창 사업을 키울 때, 미국 펜실베이니아의 한 철도 회사에 강철 레일을 납품할 일이 있었습니다. 그는 그 철도 회사에 계속 납품을 하고 싶어 자신의 공장 하나에 '에드가 톰슨 제련소'라는 간판을 내걸었지요. '에드가 톰슨'은 다름 아닌 펜실베이니아 철도 회사 사장의 이름이었습니다. 레일을 납품하는 사람이 자기 이름을 기억하고 존중하자, 그 철도 회사 사장은 그 후로도 계속 카네기와 거래하기를 희망했지요.

또 한 번은 카네기가 자신의 계열 회사들 중 하나와 센트럴 철도 회사의 합병을 추진한 적이 있었습니다. 두 회사는 사업권을 따내기 위해 번번이 경쟁해 왔는데, 카네기는 차라리 두 회사가 하나로 합쳐야 앞으로 이익이 더 커질 것이라고 판단했지요. 그런데 센트럴 철도 회사의 사장인 조지 풀먼은 합병에 적극적이지 않았습니다. 그는 마지못해 카네기와 마주한 자리에서 시큰둥하게 대꾸했지요.

"대체 왜 나한테 합병을 제안하는 거요? 우리와 경쟁할 자신이 없어서 그렇소?"

"아닙니다. 우리가 지나치게 경쟁해 자꾸 납품 가격을 낮추면 두 회사 어디에도 도움이 되지 않아서 그러는 것입니다."

그럼에도 풀먼은 선뜻 합병에 찬성하지 않았습니다. 그때 카네기가 그의 마음을 돌릴 만한 마지막 카드를 내밀었지요.

"나는 우리가 합병하면 회사 이름을 '풀먼 팰리스'라고 할 생각입니다. 이떻습니까?"

여기서 '팰리스'는 '궁전'이라는 뜻입니다. 그러니까 '풀먼이 사장인 궁전 같은 회사'라는 의미쯤 되겠네요. 그 말에 풀먼은 마침내 환하게 웃음 지으며 합병에 동의했습니다. 그것은 자기 이름에 가치를 부여하면 남달리 좋아하는 풀먼의 심리를 꿰뚫어본 카네기의 승리나 다름없었지요. 훗날 그 회사는 카네기의 예상대로 나날이 매출이 늘며 성장했습니다.

앤드류 카네기는 꼭 사업 때문이 아니더라도 평소 친구와 이웃, 그리고 회사 직원들의 이름을 잘 기억하고 존중했습니다. 누가 자기 이름을 정확히 기억하고 다정히 대해 주는데 싫어할 사람이 있을까요?

내가 아는 한 신사는 단골 식당 종업원에게도 항상 정중히 이름을 불러 줍니다. "코퍼 씨, 냅킨을 좀 가져다주십시오." 하는 식으로 말이지요. 당연히 그 종업원은 자신을 기억하고 예의를 갖추는 신사에게 진심어린 서비스로 보답합니다.

나는 이미 이번 장 첫 번째 이야기에서 프랭클린 루스벨트 대통령에 관한 일화를 들려 줬습니다. 한 가지 사례를 더 말해 볼까요?

1930년대만 해도 자동차는 무척 귀한 물건이었습니다. 그 무렵 크라이슬러 사에서 새 차를 개발해 대통령에게 선물했지요. 개발 책임자와 기술자 한 사람이 백악관으로 들어가 새로 생산한 자동차에 대해 설명했습니다.

루스벨트는 개발 책임자의 말에 귀기울이며 여러 가지 기능을 신기한 눈으로 바라봤지요. 그리고는 개발 책임자의 설명이 끝나자 그의 이름을 부르며 찬사를 보냈습니다.

"챔벌린 씨, 정말 훌륭합니다. 당신같이 뛰어난 인재가 있어 앞으로 미국의 자동차 산업은 더욱 발전할 것이 틀림없습니다."

개발 책임자는 단 한 번 소개했을 뿐인 자신의 이름을 기억해 불러주는 대통령이 고마웠습니다. 그런데 루스벨트의 다음 행동은 더 놀라움을 자아내게 했지요. 대통령이 갑자기 뒷자리에 서 있던 기술자를 자기 곁으로 불렀기 때문입니다. 더구나 이번에도 딘 한 번 들었을 뿐인 기술자의 이름을 부르면서 말이지요.

루스벨트는 기술자와 악수하며 개발 책임자에게 한 것과 다름없는 칭찬을 건넸습니다. 그리고는 사양하는 두 사람에게 자동차 값을 지불하고, 백악관 방문 기념품을 선물했지요. 두 사람은 오래도록 그날의 일을 떠올리며 감격했습니다.

이 사례에서 보듯, 루스벨트는 다른 사람의 호의를 얻는 가장 간단하고 확실한 방법을 알고 있었습니다. 그는 상대방의 이름을 기억하고 존중해 자기가 중요한 사람이라는 느낌이 들도록 했지요. 그것은 단지 정치적인 행동이 아니라 진심이 담겼기에 많은 사람들이 감동할 수밖에 없었습니다.

어린이 여러분은 친구를 부를 때 어떻게 하나요?

 그냥 "야!"라고 소리치거나, 심지어 욕설을 섞어 부르지는 않나 모르겠군요. 만약 그렇다면 다음부터는 다정히 이름을 부르도록 해 봐요. 처음 만난 친구가 이름을 이야기했는데 잘 못 알아들었으면 "미안해. 다시 한 번 말해 줄래."라고 부탁해 봐요. 그리고 잘 기억해 두었다가 다음에 만났을 때 이름을 불러 봐요. 혹시 처음 만난 친구의 이름이 기억하기 어렵다면 공책이나 핸드폰 메모장에 적어 두는 것도 좋은 방법이지요. 그런 습관이 몸에 밴 어린이는 훗날 많은 사람들에게 호감을 얻을 것이 틀림없습니다.

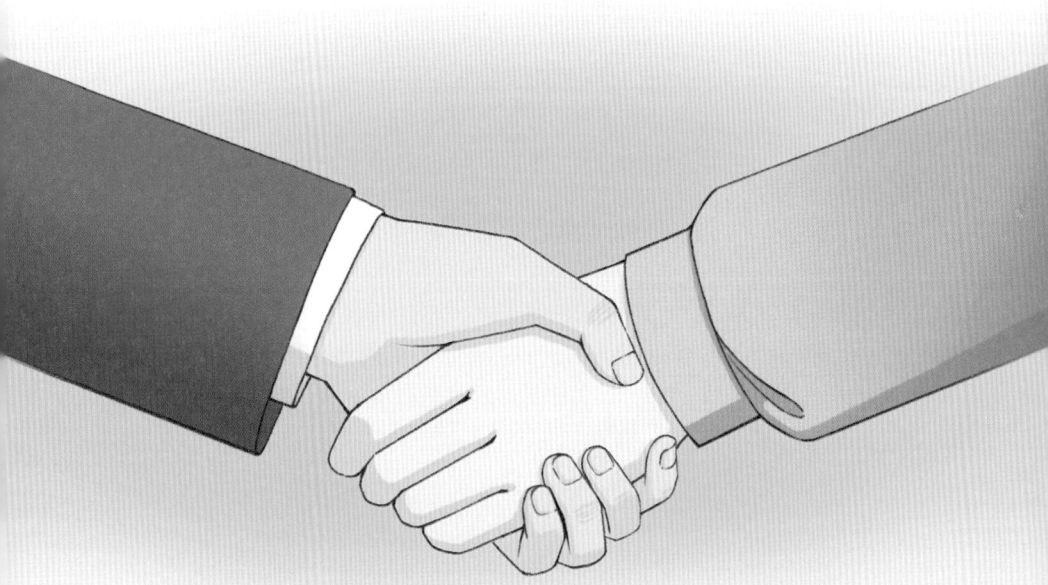

## 〈네 번째 이야기〉 상대방의 이야기를 경청해

나는 얼마 전 한 모임에 나갔다가 처음 보는 여성과 인사를 나누었습니다. 그녀는 라디오 방송에 출연했던 나의 이야기를 들었다면서 반가워했지요. 알고 보니, 그녀와 남편은 사람들 사이에 제법 소문난 부부였습니다. 남편은 사업을 했고, 부인은 이름난 부동산 중개인이었지요. 그녀가 내게 물었습니다.

"선생님께서는 해외여행을 자주 다니셨더라고요?"
"네, 제가 원체 여행을 좋아하는데다 강연이 많아서요."

"그렇군요. 그럼 선생님이 가장 감명 깊었던 여행지 이야기를 좀 해주세요."

그녀는 호기심어린 눈빛으로 나를 바라봤습니다. 나는 어떤 이야기를 들려줄까 잠시 고민하다가 입을 뗐지요.

"저는........."

그런데 그때 그녀가 나의 말을 끊고 끼어들었습니다.

"저는 지난달에 아프리카에 다녀왔는데 참 좋더라고요!"

나는 잠시 당황했지만, 그녀의 말에 먼저 호응해 주었습니다.

"저도 아프리카에 꼭 한 번 가보고 싶은데 그럴 기회가 없었네요. 초원을 누비는 동물들을 직접 보면 얼마나 신기할까요? 부인의 아프리카 여행 이야기가 듣고 싶군요."

그러자 그녀는 기다렸다는 듯 자신의 여행기를 길게 늘어놓기 시작했습니다. 무려 45분씩이나 말이지요. 그녀는 내게 여행 이야기를 들려달라고 했던 일은 새까맣게 잊어버린 듯했습니다. 그날 모임이 끝나자, 그녀가 굳이 내게 다시 다가와 인사를 건넸습니다.

"선생님, 오늘 대화 즐거웠습니다. 다음에 또 만나면 좋겠네요."

나는 그 말을 듣고 어이가 없었습니다. 우리가 언제 대화를 했던가요? 그녀는 자기 혼자 45분 동안이나 수다를 떨어댔을 뿐입니다.

그런데 안타깝게도 그녀와 같은 행동을 하는 사람들이 우리 주위에는 아주 많습니다. 사람들은 흔히 상대방의 말에 귀기울이기보다 자기 이야기를 하고 싶어 하지요.

언젠가 내가 만났던 식물학자도 다르지 않았습니다. 그는 한동안 이 사람 저 사람과 이야기를 나누는가 싶더니 내게 다가왔지요. 그리고는 내가 식물에 관심이 있는지 슬쩍 떠보았습니다.

평소 정원 가꾸기를 좋아하는 내가 두어 가지 간단한 질문을 하자, 그는 식물에 관한 자신의 지식을 한껏 뽐내기 시작했지요. 이번에도 자그마치 30분씩이나 말입니다. 그 식물학자 역시 자리를 떠나며 내게 환히 웃는 얼굴로 인사했습니다.

"오늘 만남 정말 즐거웠습니다. 제게 흥미로운 대화 상대가 되어 주셔서 감사합니다."

어이쿠, 나는 너무 황당해 말문이 막혔습니다. 내가 식물학자의 이야기를 성심껏 들어주기는 했지만, 그것은 단지 그에 대한 예의였지요. 솔직히 30분이나 계속된 그의 이야기 중에 나의 관심사는 별로 없었습니다. 그는 나와 대화했다고 말했지만, 나는 분명 그의 이야기를 잠자코 들어 주었을 뿐입니다. 어찌나 목소리가 크고 말이 빠른지 다른 주제로 말머리를 돌릴 새도 없었지요.

어린이 여러분이 앞서 언급한 여성이나 식물학자를 만난다면 어떤 기분일까요? 당연히 지루하고 불쾌하다는 생각이 들겠지요. 만약 여러분이 다른 사람과 진지하게 대화를 나누며 친해지고 싶다면 한 가지 꼭 명심해야 할 단어가 있습니다. 바로 '경청'이지요.

경청은 '귀를 기울여 듣는다.'라는 뜻입니다. 상대방의 말을 듣기만 하는 것이 아니라, 그 사람이 전하고자 하는 말의 내용을 비롯해 감정까지 헤아리는 것이지요.

하버드대학교 총장이었던 찰스 엘리엇은 "대단한 성공의 비결은 없다. 상대방의 이야기에 집중하는 것이 가장 중요하다. 그 이유는 경청이 상대방에 대한 최고의 찬사이기 때문이다."라고 말했습니다.

경청의 효과는 일상생활에서도 쉽게 경험할 수 있습니다. 나는 며칠 전 백화점에 가서 바지 하나를 샀습니다. 가격과 디자인은 썩 마음에 들었는데, 단 한 기지 금세 탈색되지 않을까 찜찜했지요. 나는 그 매장의 매니저를 불러 나의 걱정을 설명했습니다.

때마침 손님이 많아 꽤 피곤할 법한데도 매니저는 조용히 내 말에 귀기울여 주었지요. 그리고는 내가 말을 멈추자 비로소 자기 생각을 이야기했습니다.

"저도 고객님의 걱정을 충분히 이해합니다. 저 같아도 새로 산 바지가 금방 탈색되면 속상할 테니까요. 고객님, 이렇게 하시면 어떨까요? 일주일쯤 이 바지를 입고 생활하시다가, 혹시 탈색이 일어난다면 우리 매장으로 가져오십시오. 제가 환불 받으실 수 있도록 도와드리겠습니다."

나는 매니저 덕분에 새로 산 바지에 대한 찜찜한 마음을 덜기도 했지만, 무엇보다 그의 태도가 무척 만족스러웠습니다. 그는 타인의 말을 경청할 줄 아는 슬기로운 사람이었지요. 나의 이야기를 경청하는 사람에게는 신뢰감이 생기게 마련입니다.

오랫동안 여러 유명인을 만나 인터뷰했던 아이작 마코슨은 자신의 경험을 통해 중요한 깨달음을 얻었다고 합니다. 그는 한 잡지에 다음과 같은 글을 쓴 적이 있지요.

'많은 사람들이 상대방의 이야기를 주의 깊게 듣지 않아 첫인상을 좋게 하는 데 실패한다. 그런 사람들은 자기가 다음에 무슨 말을 할지 골몰하느라 상대방의 이야기에 집중하지 않는다.

내가 그동안 만났던 성공한 사람들은 말 잘하는 사람보다 상대방의 말을 잘 들어주는 사람을 좋아했다. 그들 역시 그런 자세로 큰 성공을 이루었다. 하지만 경청하는 능력은 다른 어떤 재능보다 터득하기가 어렵다.'

어린이 여러분, 경청하는 자세가 얼마나 중요한지 알겠지요?

경청은 진실한 친구를 사귀고, 나와 다툰 친구와 화해하고, 또 나와 의견이 다른 친구를 이해시키는 데 반드시 지켜야 할 태도입니다. 경청하지 않으면서 자아도취에 빠져서는 대화를 잘 이끌어갈 수 없지요. 마지막으로, 미국 콜롬비아대학 총장을 지낸 니콜라스 버틀러 박사의 말을 옮기며 이번 장의 네 번째 이야기를 마치겠습니다.

"자기 자신밖에 생각하지 않은 사람은 교양 없는 인간이다.
아무리 교육을 잘 받아도 교양 있는 사람이라고 말할 수 없다."

한 번 더 강조합니다.

어린이 여러분, 상대방의 이야기를 경청하세요.

## 〈다섯 번째 이야기〉 상대방의 관심사부터 이야기해

프랭클린 루스벨트가 대통령이 되기 전, 그는 이미 주변 사람들로부터 존경과 사랑을 받았습니다. 특히 분야를 가리지 않는 그의 해박한 지식에 놀란 사람들이 많았지요.

"루스벨트 씨는 만나는 사람이 카우보이든, 기병대 장교든, 뉴욕의 정치가이든, 외교관이든 상관없이 상대방에게 적합한 대화거리를 늘 갖고 있었습니다."

이 말은 루스벨트와 친분이 깊은 가말리엘 브래드포드의 평가입니다.

그렇다면 루스벨트는 어떻게 모든 상대와 즐겁게 대화를 나눌만큼 폭넓은 지식을 갖고 있었을까요?

그 해답은 의외로 간단합니다. 루스벨트는 방문객이 찾아오기 전날 밤에 그 손님이 흥미로워할 만한 주제를 다룬 책을 꼼꼼히 읽었지요. 때로는 밤을 지새우는 것도 개의치 않았습니다.

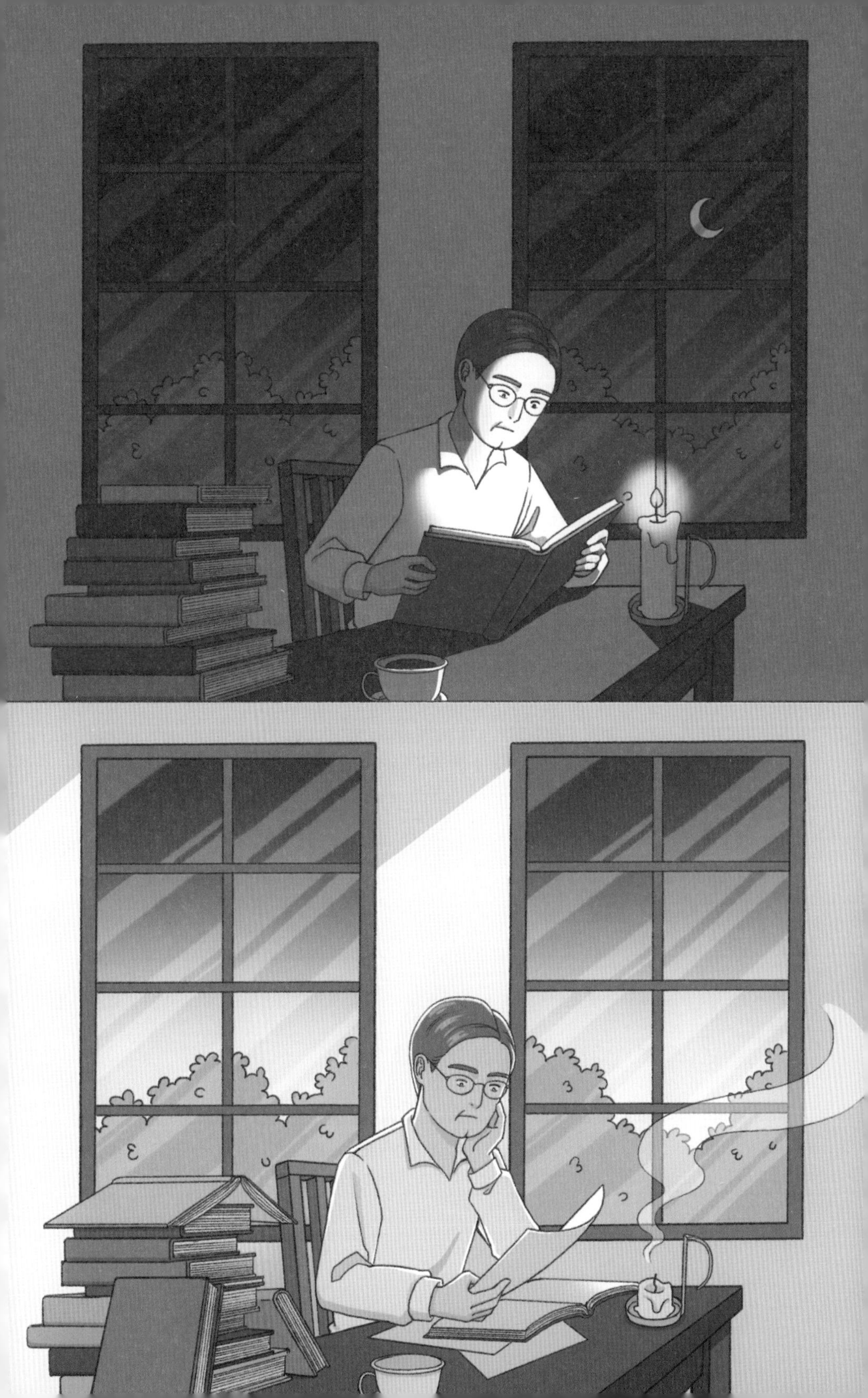

그렇습니다. 루스벨트는 사람의 마음을 얻는 최고의 방법이, 그 사람이 가장 좋아하는 것을 화제로 삼는 것임을 알고 있었지요.

미국 예일대 교수였던 윌리엄 펠프스도 프랭클린 루스벨트 못지않게 그와 같은 사실을 일찌감치 깨우친 인물입니다. 그는 8살 때 친척 아주머니 댁에서 며칠 지낸 적이 있었지요. 그때 한 신사가 그 집을 방문했습니다. 신사는 어린 펠프스를 무척 귀여워했지요. 아주머니가 내온 차를 마시며 신사가 펠프스에게 물었습니다.

"얘야, 너는 요즘 뭐가 제일 재밌니?"

"보트요! 나중에 어른이 되면 꼭 보트 운전을 할 거예요!"

그 무렵 펠프스는 보트에 관심이 아주 많았습니다. 펠프스의 대답을 들은 신사는 빙그레 미소 지으며 보트에 관한 여러 이야기를 들려주었지요. 그는 어린아이가 상상조차 하기 어려운 다채로운 정보로 펠프스의 눈길을 사로잡았습니다. 그의 이야기에 귀기울이느라 시간 가는 줄 모를 정도였지요.

한참 뒤 신사가 돌아가자, 펠프스가 흥분이 채 가시지 않은 목소리로 아주머니에게 말했습니다.

"방금 전 제가 만났던 그 아저씨는 정말 최고예요! 다음에도 또 만나면 좋겠어요."

그러자 아주머니가 펠프스의 머리를 쓰다듬으며 말했습니다.

"그분은 항상 예의바르고 상대방의 마음을 헤아려 주는 신사란다. 오늘도 네가 보트에 관심 있는 것을 알고, 너를 기분 좋게 해주려고 그 이야기를 대화거리로 삼은 거야. 어른이면서도 대화 주제를 어린 너한테 맞춘 거지."

그 날 이후 펠프스는 신사가 몸소 보여준 가르침을 잊지 않았습니다. 훗날 대학 교수가 되고 나서도 제자들이 무엇에 관심을 갖는지부터 유심히 살폈지요. 그런 스승을 제자들이 누구보다 존경하며 따른 것은 당연한 일입니다.

어린이 여러분은 혹시 친구와 심하게 갈등을 겪은 경험이 있나요? 그 경우 여러분은 어떻게 친구와 관계를 회복했나요?

내 생각에 그와 같은 상황에서 다짜고짜 본론을 이야기하는 것은 바람직하지 않습니다. 그것은 자칫 또 다른 오해를 사 충돌을 빚을 위험이 크니까요.

만약 여러분이 그런 상황에 처해 있다면 우선 편안한 주제로 대화의 실마리를 풀어 나가는 것이 좋습니다. 이를테면 친구 집에서 키우는 강아지라든가, 친구가 즐겨 하는 게임 등에 관한 이야기 말이지요. 그러면 대부분의 친구는 자기도 갈등을 해결하고 싶어 슬그머니 마음을 열게 마련입니다.

어른들도 다르지 않습니다. 예를 들어 사업을 할 때도 상대방의 관심사부터 이야기해 대화 분위기를 부드럽게 만드는 것이 아주 중요하지요. 또 상품을 잘 파는 영업사원들 역시 그와 같이 사람들의 심리를 잘 활용해 성공하는 사례가 많습니다. 가벼운 주제로 상대방의 기분을 좋게 하다보면 그쪽에서 먼저 "그런데, 저를 찾아오신 용건이 뭔가요?"라며 호기심을 내보이니까요.

어린이 여러분, 이번 장에서 전하는 인간관계의 규칙이 무엇인지 확실히 이해했나요?

## 〈여섯 번째 이야기〉 상대방을 칭찬하고 격려해

나는 얼마 전에 등기 우편을 보내려고 우체국에 갔습니다. 그런데 우편물 접수를 담당하는 직원의 표정이 영 따분해 보였지요. 그도 그럴 것이, 매일 똑같은 일을 반복하다 보면 업무에 심드렁할 수밖에 없으니까요. 그 직원은 한 발 더 나아가 자신의 인생까지 몹시 지루하다는 분위기였습니다.

나는 짧은 시간 곰곰이 궁리해 보았습니다. '내가 이 직원을 기분 좋게 만들 방법이 뭘까?' 그리고 나는 곧 결심했지요. 그 사람에게 가벼운 칭찬을 건네기로 말입니다.

"직원 분 머릿결이 참 아름답습니다. 저는 머리카락이 가늘고 건조해서 부럽네요."

"고맙습니다, 손님. 예전만큼은 아니지만, 그래도 종종 제 머릿결이 좋다는 말을 듣고는 하지요."

 그 순간, 나는 우체국 직원의 표정이 한결 밝아진 것을 느꼈습니다. 그는 겸손하면서도 은근히 자신의 머릿결에 대한 자부심을 드러냈지요.

 나는 우체국을 나오면서, 오늘은 그 직원이 점심 식사를 좀 더 맛있게 먹을 것이라고 생각했습니다. 또 오늘 하루는 동료 직원들과 좀 더 상냥한 목소리로 대화할 것이라고 생각했습니다. 어쩌면 퇴근 후 집에 가서 자기 가족들에게 오늘 내가 했던 이야기를 유쾌히 전할지 모른다고도 생각했습니다.

나는 이 이야기를 어느 강연에서 한 적이 있습니다. 강연이 끝나고 나서 한 사람이 나에게 질문하더군요.

"선생님은 우체국 직원을 칭찬한 대가로 무엇을 기대했습니까?" 그것은 '누군가와 대화할 때 그 사람이 관심 있어 하는 주제부터 이야기하라.'입니다. 이 규칙만 잘 지켜도 여러분은 상대방의 호감을 얻게 됩니다.

하기야 내가 우체국 직원에게 뭔가를 바란 것이 있기는 했습니다. 그리고 나는 바라던 것을 틀림없이 얻었습니다. 그에게 아무런 부담도 주지 않으면서, 그를 기분 좋게 해주었다는 사실 바로 그것 말입니다. 그런 일은 시간이 지나서도 기억 속에 남아 잔잔한 기쁨을 안겨줍니다.

"항상 다른 사람에게 자신이 중요하다는 기분을 갖게 하라."

이 말이 내가 이번 장 여섯 번째 이야기에서 어린이 여러분에게 강조하려는 내용입니다. 미국의 철학자 존 듀이는 "타인에게 중요한 존재가 되려는 소망은 인간의 가장 뿌리 깊은 욕구이다."라고 말했습니다.

또 다른 철학자 윌리엄 제임스 역시 "인간 본성의 가장 깊은 본질은 다른 사람들로부터 인정받고 싶어 하는 마음이다."라고 말했지요.

나는 두 철학자의 말에 완전히 공감합니다. 내가 항상 지적해온 것처럼, 인간을 여느 동물과 다르게 만들어 주는 것이 바로 그 욕구지요. 지금까지 인류의 문명이 발전되어 온 것도 바로 그와 같은 욕구가 있어 가능했습니다.

우리는 모두 주위 사람들에게서 인정받고 싶어 합니다. 우리의 진정한 가치를 세상이 알아주기를 간절히 바랍니다. 그것을 통해 우리는 자신이 세상에서 아주 중요한 존재라는 사실을 깨닫고 싶어 합니다. 입에 발린 형식적인 칭찬은 듣고 싶지 않지만, 주변 사람들의 마음속에서 우러나오는 칭찬에는 늘 목말라 합니다.

그러면 우리는 어떻게 해야 할까요? 앞서 사례로 든 찰스 슈왑의 주장처럼 타인의 의견에 진심으로 동의하며 아낌없이 칭찬해 주어야 합니다. 내가 상대방에게 인정받고 싶다면, 내가 먼저 상대방을 인정해야 합니다.

다른 사람들을 향한 칭찬과 격려는 일상생활에서 충분히 실천할 수 있습니다. 예를 들어 식당 종업원에게 무언가를 부탁할 때,

"미안합니다만 ~을 해주세요."라고 말해야 합니다.

그리고 종업원이 나의 부탁을 들어주었으면 "고맙습니다."라는 말을 전해야 합니다. 그것이 식당 종업원에게는 또 다른 의미의 칭찬이고 격려입니다.

내 돈 쓰러 간 식당이라고 해서 바쁘게 일하는 종업원을 당연한 듯 부려먹는 자세는 옳지 않습니다. 그런 모습은 다른 사람들에게 호감은커녕 손가락질 받기 십상입니다. 상대방의 마음을 얻는 확실한 방법은 그가 세상에서 꼭 필요하고 중요한 인물이라는 사실을 깨닫게 하는 것입니다.

어른들의 세계에서는 칭찬과 격려가 뜻밖의 성과를 거두게 할 때도 많습니다. 조경 사업을 하는 도날드 맥마흔의 사례를 이야기해 볼까요?

그는 자신의 정원 조경을 맡기려는 어느 판사의 집을 방문한 적이 있습니다. 판사는 몇몇 조경 사업가를 따로 집으로 불러 능력과 가격을 비교해 보려고 했지요.

맥마흔은 정원 이곳저곳을 둘러보며 판사가 바라는 점을 꼼꼼히 노트에 적었습니다. 공사 가격은 판사의 요구를 충분히 들어줄 만했지요. 이제 남은 것은 판사가 맥마흔의 능력을 얼마나 신뢰하느냐 하는 문제였습니다.

그때, 판사가 키우는 개가 조경 사업가 맥마흔의 눈에 들어왔습니다. 그는 개를 바라보며 솔직하게 감탄했지요.

"판사님, 개가 정말 훌륭합니다! 반려견을 키우는 일은 좋은 취미이면서, 또 하나의 가족을 만드는 보람을 갖게 하지요."

그리자 순간 기분이 좋아진 판시는 뒷마당에 있는 개 사육장으로 맥마흔을 데려갔습니다. 거기에는 정원에서 본 개만큼 멋지고 활기 찬 여러 마리의 개들이 있었지요. 판사가 그에게 물었습니다.

"선생도 개를 좋아하십니까?"

"그럼요, 저도 얼마 전까지 키우던 반려견이 있었지요. 지금은 무지개다리를 건너갔지만…….."

그 말에 판사는 맥마흔을 위로했습니다. 그리고는 사육장에서 작은 강아지 한 마리를 꺼내 와 건네며 말했지요.

"이 강아지를 선물로 드릴 테니 잘 키워 보세요. 그리고 다음 주에 다시 우리 집에 와서 정원 공사를 시작해 주세요."

그 날 맥마흔은 판사가 키우는 개를 칭찬했을 뿐입니다. 그런데 그 개는 판사가 사랑하는 반려견이었기에, 판사를 칭찬하는 것과 다를 바 없었지요. 그것은 곧 단조로운 일상생활에 갇혀 지내는 판사에게 적지 않은 격려가 되었습니다. 그처럼 상대방을 향한 진심어린 칭찬은 뜻밖에 좋은 결과를 낳기도 하지요.

그럼 이쯤에서 어린이 여러분에게 묻겠습니다.

세상에서 칭찬과 격려의 규칙이 가장 먼저 필요한 곳은 어디일까요? 그곳은 다름 아닌 가정입니다. 우리는 가장 가깝다는 이유로, 식구들에게 그 규칙을 가장 소홀히 하니까요.

여러분은 가정에서 부모님에게 어떻게 행동하는지 모르겠군요. 혹시 부모님의 장점을 보고, 부모님의 수고에 감사하기보다는 뭔가를 자꾸 바라기만 하지 않나요? 부모님의 조언을 한낱 잔소리로 여겨 번번이 짜증을 내지는 않나요?

또 형제에게는 어떤가요? 누나나 형, 오빠나 동생에게 함부로 거친 말을 내뱉거나 지나친 욕심을 부리지는 않나요?

만약 여러분이 그렇게 행동해 왔다면 이제라도 반성해 생활 태도를 바꿔야 합니다. 말하나 마나, 가족은 여러분에 가장 소중한 존재니까요. 가장 먼저 가정에서 내 가족을 칭찬하고 격려할 줄 알아야 밖에 나가서도 좋은 친구를 사귀고 즐겁게 사회 활동을 할 수 있으니까요.

어린이 여러분, 지금 당장 식구들의 장점과 수고를 찾아 진심으로 칭찬해 봐요. 여러분의 부모님과 형제가 자기 자신을 중요한 사람이라고 느낄 수 있게 노력해 봐요. 그러면 여러분의 가정에 더욱 큰 행복이 찾아올 것이 틀림없습니다.

그럼 이번 장을 마치면서, 다른 사람의 호감을 얻는 6가지 방법을 복습해 보도록 해요. 그 내용을 다시 한 번 차례대로 정리하면 다음과 같습니다.

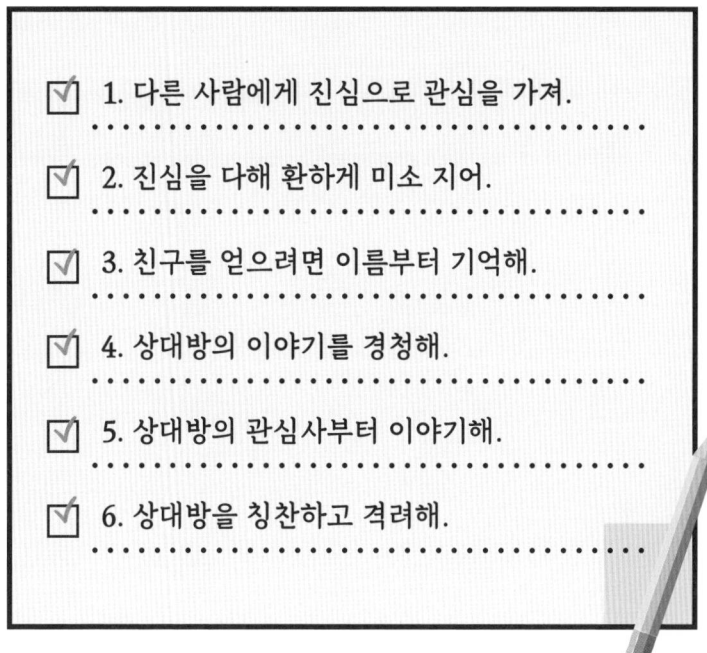

모두 기억하나요? 다음 장에 들어가기 전에 위에 적은 6가지 방법을 큰 소리로 따라 읽어 봐요.

# 잠깐, 생각해봐

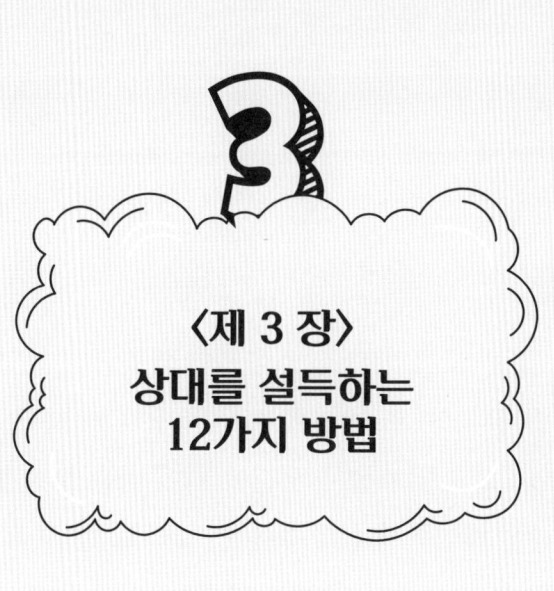

## 〈제 3 장〉
## 상대를 설득하는
## 12가지 방법

## 〈첫 번째 이야기〉 쓸데없는 논쟁은 그만

몇 해 전, 항공 모험가 로스 스미스의 업적을 기념하는 축하 행사가 열렸습니다. 나도 거기에 초대받아 여러 사람들과 어울릴 기회가 있었지요. 저녁 식사 시간이 되어 나는 오랜 친구 프랭크 가먼드와 같은 테이블에 앉았습니다. 그리고 한 사람 더, 말쑥하게 잘 차려입은 신사가 우리와 함께했지요. 우리 세 사람은 서로 인사를 나누고 나서 즐겁게 식사를 시작했습니다.

잠시 뒤, 신사가 말했습니다.

"두 분은 혹시 '인간이 엉성하게 벌여놓은 일을 완성하는 이는 신이시다.'라는 성경 구절을 아시는지요?"

신사는 나와 가먼드에게 뭔가 할 말이 있는 듯했습니다. 그런데 나는 순간 그의 잘못을 지적하고 싶은 충동이 일었지요. 왜냐 하면 그 문장은 성경에 나오는 것이 아니라 윌리엄 셰익스피어의 작품 속 문장이었기 때문입니다. 물론 영문학자로서 오랜 시간 셰익스피어를 연구해 온 가먼드도 절대 모를 리 없었지요.

나는 곧장 그것이 셰익스피어의 작품에 나오는 문장이라고 바로 잡았습니다. 하지만 신사는 자신의 생각을 굽히지 않았지요. 서로 몇 마디 대화를 더 나누었지만 쉬 결론이 나지 않았습니다. 나는 셰익스피어 전문가인 가먼드에게 도움을 청했지요.

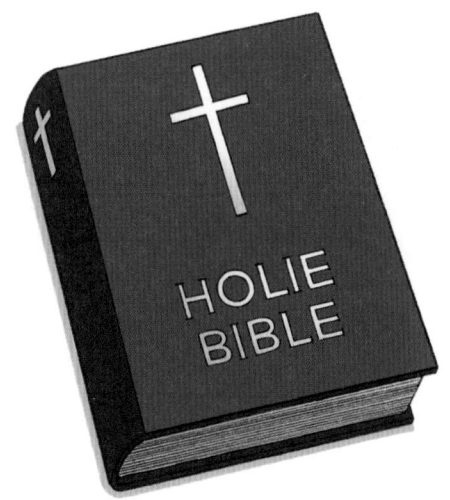

"이보게, 친구. 자네 생각은 어떤가? 그 문장이 어디에 등장하는지 이야기해 보게."

나는 가먼드의 말 한마디로, 내가 옳다는 것이 증명되기를 바랐습니다. 그런데 그의 입에서는 뜻밖의 말이 나왔지요.

"글쎄, 내 생각에도 그 문장은 성경에 나오는 것 같네. 자네가 틀렸어, 데일."

그러면서 가먼드는 자기 발로 식탁 아래의 내 발을 가볍게 건드렸습니다. 그것은 더 이상 논쟁을 벌이지 말라는 신호였지요.

나는 그 날 행사를 마치고 집으로 돌아가는 길에 가먼드에게 물었습니다.

"친구, 그 문장은 셰익스피어의 작품에 나오는 게 틀림없잖아. 자네도 잘 아는 사실 아닌가?"

그러자 가먼드가 빙그레 미소 지으며 대답했습니다.

"그럼, 물론이지. <햄릿>의 5막 2장에 나오는 문장일세. 하지만 오늘 우리는 잔치에 초대받은 사람들이야. 서로 잘 알지도 못하는 상대방이 틀렸다고 굳이 다그칠 필요가 뭐 있나? 그렇게 되면 그가 자네를 좋아하겠어? 그 사람 체면도 생각해 줘야지. 그는 처음부터 자네의 의견을 물어 본 것이 아니야. 쓸데없이 그 사람과 논쟁을 왜 벌이나? 어떤 경우에도 모나는 짓은 하지 말게, 데일."

지금 그 친구는 죽고 없지만, 가먼드는 나에게 평생 잊을 수 없는 교훈을 깨우쳐 주었습니다. 평소 논쟁을 좋아하는 나에게 그것은 정말 꼭 필요한 교훈이지요. 나도 이제는 이따금 논쟁에서 이기는 최선의 방법이 바로 논쟁을 피하는 것이라는 사실을 잘 알고 있습니다.

왜 그럴까요? 논쟁을 벌이는 사람들은 대개 자기가 틀렸어도 그 것을 인정하는 데 인색합니다. 사람들은 자신의 생각을 고치려고 논쟁하는 것이 아니라, 자신의 생각을 더욱 굳건히 하려고 논쟁을 벌일 따름이지요.

설령 상대방의 논리를 나의 논리로 굴복시켜 잘못을 증명했다 해도 문제는 남습니다. 그래서 뭐가 달라지나요? 당연히 나의 기분은 좋겠지요. 그러면 상대방은 어떨까요? 그 사람은 열등감을 느끼고 자존심에 상처를 입을 것이 분명합니다. 결국 논쟁에서 패한 상대방은 오래도록 당신의 승리를 혐오할 뿐이지요.

종종 나의 강연을 들으러 오는 사람들 중에 패트릭 오헤어라는 트럭을 판매하는 영업사원이 있습니다. 그 역시 논쟁을 좋아하는 사람이라 툭하면 다른 사람들과 의견 충돌을 빚었지요. 문제는 트럭을 사려는 고객과도 논쟁을 벌인다는 점이었습니다. 그러니 영업 활동이 제대로 될 리 없었지요.

나는 트럭 영업 실적이 형편없다는 그의 고민을 듣고 해결책을 이야기해 주었습니다. 그것은 단 하나, 고객들과 논쟁을 벌이지 말라는 제안이었지요. 몇 달 후 그는 자신이 다니는 화이트자동차 회사에서 판매왕이 되었다며 나에게 인사를 하러 왔습니다. 그의 성공에 나 역시 무척 기뻤지요.

그럼 오헤어는 어떻게 판매왕이 될 수 있었을까요?

그는 내게 한 고객과 상담했던 사례를 들려주었습니다. 그 고객은 오헤어를 만난 자리에서 화이트자동차 회사의 트럭을 얕잡아 보며 경쟁사인 후지트 트럭의 장점만 길게 나열했지요. 불과 몇 달 전만 같았어도 오헤어는 고객과 한바탕 논쟁을 벌였을 것이 틀림없습니다. 하지만 그날은 달랐지요. 오헤어가 차분한 목소리로 말했습니다.

"고객님, 후지트 트럭도 훌륭합니다. 만약 후지트 트럭을 구입한다면 올바른 판단을 하시는 겁니다. 후지트 트럭은 좋은 회사에서 숙련된 기술자들이 만드는 제품이니까요."

그러자 고객은 갑자기 할 말이 없어졌습니다. 논쟁할 틈이 없어진 셈이지요. 오헤어가 자신의 말에 맞장구치는데, 고객 입장에서 후지트사 트럭이 최고라는 말을 계속 할 필요는 없었습니다. 고객이 후지트 트럭 이야기를 멈추자, 오헤어는 비로소 화이트자동차 회사 트럭의 장점에 대한 이야기를 시작했지요. 결국 그 고객은 오헤어를 통해 화이트자동차 회사의 트럭을 사기로 결심했습니다.

어린이 여러분, 이제 쓸데없는 논쟁을 피하라는 나의 말뜻을 이해하겠지요?

일찍이 미국의 정치인 벤저민 프랭클린은 "당신이 정확한 증거로 제대로 반박하면 논쟁에서 이길 수도 있다. 하지만 상대방의 호감은 절대로 얻지 못하므로, 그것은 진정한 승리가 아니다."라고 말했습니다. 내가 여기에 한 가지 덧붙이고 싶은 이야기는 '논쟁에서 이겨 자기가 똑똑하다고 증명하고 싶은가?' 아니면 '상대방의 호감을 얻고 싶은가?', 둘 중 하나를 선택하라는 것입니다.

우리가 세상을 살아가다 보면 그와 같은 갈림길에 서는 경우가 적지 않지요. 두 가지 모두 내가 바라는 대로 되기는 어려울 때가 많습니다.

그럼 에이브러햄 링컨의 일화로 이번 장 첫 번째 이야기를 마무리하겠습니다. 그는 동료와 자주 논쟁을 벌여 다툼에 이르고는 하는 청년 장교에게 다음과 같은 말로 충고했습니다.

"자기 발전을 위해 노력하는 사람은 논쟁할 시간이 없네. 더구나 불쾌감에 빠지거나 자제심을 잃게 되는 논쟁이라면 더 더욱 할 필요가 없는 것일세. 앞으로는 자네가 완전히 옳다고 생각되지 않으면 양보하고, 전적으로 자네가 옳다고 생각되어도 가능한 한 양보하게. 좁은 골목에서 개와 마주쳤을 때, 괜히 개에게 맞서 물리기보다 길을 양보하는 편이 낫지 않나? 설령 그 자리에서 개를 물리친다 하더라도 자네 역시 개에 물린 상처는 남기 십상일세. 다시 당부하지만, 쓸데없는 논쟁을 할 시간에 자기 발전을 위해 더욱 노력하게."

링컨의 이 말은 어린이 여러분도 곰곰이 생각해 봐야 합니다.

## 〈두 번째 이야기〉 적을 만들지 마

미국의 제32대 대통령이었던 프랭클린 루스벨트는 취임 초기 이렇게 말한 적이 있습니다.

"나는 앞으로 우리나라의 운명을 결정할 중요한 판단들을 내려야 합니다. 내 생각이 75퍼센트만 맞아도 더 바랄 나위 없겠군요."

어린이 여러분, 루스벨트의 솔직한 이야기를 듣고 어떤 느낌이 드나요?

`

네, 이 책에서 이미 몇 차례 설명했듯 루스벨트는 인간관계에 있어 여러 장점을 가진 인물이었습니다. 나아가 그는 스스로 자신을 되돌아볼 줄 아는 슬기로운 사람이었지요. 루스벨트 같은 위대한 인물도 자기 판단의 75퍼센트만 맞아도 좋겠다고 했는데, 하물며 대부분의 평범한 사람들이야 오죽할까요.

  우리는 세상을 살아가면서 어떤 일과 타인에 대해 섣부른 판단을 내리고는 합니다. 그래서 자주 일이 틀어지고, 다른 사람들에게는 상처를 주기 일쑤지요. 특히 우리는 너무 쉽게 상대방의 잘못을 지적하며 우월감을 느낍니다. 상대방의 자존심까지 무너뜨리면서 말입니다.

  고대 그리스 철학자 소크라테스는 제자들에게 되풀이해서 말했습니다. "나는 단 한 가지만 분명히 안다. 그것은 내가 아무것도 모른다는 사실이다."라고요. 나는 처음 소크라테스의 고백을 접하고 큰 감명을 받았습니다. 나같이 평범한 사람이 결코 위대한 철학자 소크라테스보다 지혜로울 수는 없지요. 그래서 그때부터 나는 다른 사람들에게 "당신이 틀렸어!"라고 함부로 말하지 않았습니다. 소크라테스의 겸손을 배워 실천한 것이지요.

나는 상대방이 뭔가를 잘못 알고 있다고 판단할 때 좀 더 정중히 나의 생각을 밝혔습니다. "글쎄요, 저는 그렇게 생각하지 않습니다. 하지만 제 생각이 틀렸을지도 모르겠네요. 저도 자주 실수를 범하니까요. 만약 제 생각이 틀렸으면 이번 기회에 바로잡고 싶습니다.

우리, 이 문제를 같이 검토해 볼까요?" 하는 식으로 말이지요. 그와 같은 태도는 매우 긍정적인 효과를 불러 왔습니다. 어느 누구도 "제가 틀렸을지 모르니까, 그 문제를 같이 검토해볼까요?"라고 말하는데 자기 고집만 내세우지는 않았으니까요.

또한 나는 스스로 내린 판단이 잘못된 것을 깨달았을 때 솔직히 실수를 인정했습니다. 누구든 자신의 실수를 흔쾌히 인정하면 더 이상 곤란할 일이 거의 없지요. 나의 잘못을 순순히 인정하면 논쟁을 하지 않아도 되고, 상대방도 나처럼 열린 마음을 갖게 됩니다. 내가 실수를 인정하는 만큼 상대방도 자신의 실수를 인정하게 마련이지요.

아울러 어쩔 수 없이 상대방의 잘못을 지적해야 하는 상황이라도 나름의 규칙을 지켜야 합니다. 한국에 '아 다르고 어 다르다.'라는 속담이 있다지요? 내가 겪었던 어떤 일을 통해 그 의미를 자세히 설명해 보겠습니다.

나는 얼마 전 집 안의 커튼을 전부 바꾸었습니다. 집 단장을 마치고 나서 한 친구를 초대했지요. 나는 한껏 신나는 표정으로 새로 바꾼 커튼을 자랑했습니다. 그런데 친구는 두 눈을 동그랗게 뜨며 어이없어했지요.

"아이고, 이런 커튼을 그렇게 비싸게 사다니....... 바가지 썼네, 바가지 썼어. 게다가 이 커튼은 자네 집에 잘 어울리지도 않는걸."

나는 친구의 말을 듣고 기운이 쑥 빠졌습니다. 한마디로 김이 새 버렸다고나 할까요? 그 친구는 큰맘 먹고 바꾼 우리 집 커튼을 칭찬하기는커녕 깎아내리느라 바빴습니다.

 그런데 며칠 후 찾아온 다른 친구는 그와 전혀 다르게 이야기했 습니다. 그 친구는 커튼을 이리저리 유심히 살펴보더니 미소 띤 표정으로 자기 생각을 밝혔지요.

"이 커튼은 품질이 아주 좋군. 햇빛을 완전히 가릴 수 있을 만큼 천도 두툼하고 말이야. 내가 보기에는 지난 번 커튼보다 자네 집에 더 잘 어울리는 것 같아. 집 안이 한결 환해졌는걸."

아, 그 친구의 말은 내가 다시 잃어버린 기운을 되찾게 해주었습니다. 나의 선택이 잘못됐다고 판단해 며칠 동안 우울했는데 마음이 편안해지는 것도 느꼈지요.

물론 누구나 우리 집 커튼을 보고 다른 평가를 내릴 수는 있습니다. 다만 상대방에게 자기 생각을 드러낼 때도 나름의 규칙을 지켜야 하지요. 먼저 우리 집에 찾아온 친구처럼 이야기하면 아무리 옳은 소리라고 해도 상대방의 기분을 상하게 하니까요.

나는 나중에 우리 집에 찾아온 친구의 말이 무척 고마웠습니다. 그래서였을까요. 오히려 나는 "자네 말을 듣고 보니 내가 커튼을 잘 바꾼 것 같군. 그런데 품질에 비해 좀 비싸기는 했어."라고 솔직한 마음을 털어놓았지요.

그처럼 다른 사람의 말과 행동을 지적하게 되는 경우라도 정중히 규칙을 지키면 그 사람이 스스로 자신의 잘못을 인정하게 됩니다. 그와 달리 타인에게 공격적으로 말과 행동을 지적받으면 누구라도 반발심부터 드러내게 마련이지요.

나는 강연을 들으러 온 사람들에게 책을 추천할 때가 종종 있습니다. 그중 하나가 벤저민 프랭클린의 자서전이지요. 그 책을 보면 지나칠 만큼 논쟁을 좋아하던 그가 어떻게 미국에서 가장 유능하고 온화하며 사교적인 사람이 되었는지 잘 설명되어 있습니다. 자서진의 내용을 일부 소개하면 다음과 같습니다.

어느 날 프랭클린은 여느 때처럼 친구들과 내가 옳니, 네가 옳니 하며 논쟁을 벌였습니다. 그러다가 목소리 높여 다툼을 벌이기까지 했지요. 다른 친구들이 모두 돌아간 뒤, 끝까지 곁에 남아 있던 한 친구가 조심스레 말문을 열었습니다.

"벤저민, 너한테는 참 나쁜 습관이 하나 있어. 너는 상대방의 생각이 다르면 지나치게 공격적으로 반발해 모욕을 주고는 하지. 솔직히 말하면, 다른 친구들은 네가 없을 때 더 재미있게 잘 지내. 네가 나타나서 매사에 다 아는 척을 하면 분위기가 갑자기 싸늘해지지. 그래서 아무도 너와는 깊은 이야기를 나누고 싶어 하지 않아. 너와 논쟁해 봤자 기분만 나빠지니까. 좀 심한 말 같지만, 내가 보기에 너는 지금 알고 있는 얄팍한 지식 이상으로 발전할 가능성이 별로 없어."

친구의 말을 들은 프랭클린은 충격을 받았습니다. 그는 한동안 멍하니 앉아 정신을 차리지 못했지요.

그러나 다행히 프랭클린은 그와 같은 진심어린 충고를 받아들여 자신을 반성할 줄 아는 사람이었습니다. 그는 자신이 달라지지 않으면 주변 사람들로부터 영영 소외당할지 모른다고 생각했지요. 그래서 프랭클린은 단호히 방향 전환을 하기로 마음먹었습니다. 그는 다른 사람들에게 신불리 자기 생각을 강요하며 공격적으로 반응하는 태도를 당장 바꾸기로 결심했지요.

그날 이후 벤저민 프랭클린의 태도는 완전히 달라졌습니다. 그는 누군가와 대화할 때 '확실히'나 '의심할 여지없이' 같은 단정적인 표현을 쓰지 않았지요. 그 대신 '나는 ~라고 생각합니다.'

'현재로서는 그렇게 생각합니다.' 같은 표현을 자주 사용했습니다. 상대방이 잘못된 주장을 하더라도 곧바로 잘못을 지적하지 않고, 적절한 상황을 보아 가능한 한 부드럽게 그 사람을 설득하려고 노력했지요.

그러자 사람들은 프랭클린과 대화하는 것을 즐겼고, 설령 논쟁을 펼치더라도 서로 상처를 주고받지는 않게 됐습니다. 그 후 프랭클린은 인생을 살아가며 다른 사람들에게 독선적이라는 평을 두 번 다시 듣지 않았지요. 적어도 대화할 때만큼은 그에게 적이 없었습니다.

## 〈세 번째 이야기〉 잘못하면 솔직히 인정해

미국 작가 엘버트 허버드는 『가르시아 장군에게 보내는 편지』라는 책으로 잘 알려져 있습니다. 그 밖에도 그는 자신의 감정을 숨기지 않는 신랄한 글들을 여러 지면에 발표해 왔지요.

그의 솔직한 글을 좋아하는 독자들이 많았지만, 그만큼 그의 글에 반감을 갖는 독자들도 적지 않았습니다. 그중에는 몹시 화가 치밀어 허버드에게 항의 편지를 보내는 사람들도 있었지요.

그런데 그런 편지를 받은 허버드는 덩달아 흥분하는 법이 없었습니다. 오히려 그는 정성어린 답장을 보내 분노를 내보인 독자들을 자기 편으로 만들었지요. 그의 답장에는 다음과 같은 내용이 담기고는 했습니다.

'독자님, 저도 제 의견에 전적으로 동의하지는 않습니다. 어제 쓴 글을 오늘 다시 읽어보면 자주 다른 생각이 드니까요. 이번에 발표한 글에 대해서도 저와 생각이 다른 분의 의견을 알게 되어 정말 기쁩니다. 혹시 제 사무실 근처에 지나실 일이 있으면 꼭 방문해 주십시오. 차라도 한잔 대접하겠습니다. 그리고 제 글에 대해 서로 다른 생각을 함께 이야기해 보면 좋겠습니다. 그럼 오늘은 이만. 멀리에서나마 독자님의 삶에 박수를 보냅니다.

엘버트 허버드 드림.'

어떤가요, 여러분? 이렇게 솔직하고 다정하게 편지를 보내 온 사람에게 계속 화를 낼 수 있을까요?

그처럼 허버드는 자신도 잘못 생각할 수 있다는 점을 기꺼이 인정할 줄 아는 사람이었습니다. 실제로 그는 자기의 잘못이 드러나면 어느 누구에게라도 흔쾌히 사과했지요. 그런 성격은 자신에게 적대적인 상대방을 순식간에 친구로 변화시키는 마법을 부리고는 했습니다.

여기서 얼마 전 내가 직접 경험했던 일을 사례로 들어 보겠습니다.

내가 사는 집 근처에는 숲이 우거져 있습니다. 여러 종류의 새들을 비롯해 다람쥐와 야생 토끼들도 종종 눈에 띄는 아름다운 곳이지요. 나는 렉스라고 이름붙인 반려견 불도그와 그 숲을 즐겨 산책하며 기쁨을 만끽합니다.

뉴욕주 법률에 따라 불도그는 목줄과 입마개를 하게 되어 있지만, 그곳에 워낙 인적이 드물어 나는 이따금 아무런 안전 장비 없이 렉스를 데리고 나갔지요. 실은 릭스가 입마개 하는 것을 무척 싫어했거든요. 언제든 내가 렉스를 통제할 수 있다는 자신감도 있었고요.

나는 그것이 잘못된 행동인 줄 뻔히 알면서, 그날도 '설마, 아무일 없겠지.' 하며 안전 장비 없이 렉스와 숲으로 향했습니다. 그런데 숲에 다다르기 전 경찰관과 맞닥뜨렸지요. 그가 나를 불러 세우더니 단호한 목소리로 말했습니다.

"불도그를 목줄도, 입마개도 안 하고 데리고 다니면 어떡합니까? 뉴욕주 법에 어긋난다는 것을 모르시나요?"

"그럴 리가요. 견주로서 어떻게 해야 하는지 잘 알고 있습니다. 하지만 인적 드문 숲으로 산책 가는 길이라 괜찮겠거니 생각했습니다."

"괜찮겠거니 생각했다고요? 법은 선생님의 생각에 따라 이랬다 저랬다 할 수 있는 것이 아닙니다. 이 개가 갑자기 나타난 어린아이, 아니면 다람쥐 같은 야생동물이라도 물어 죽이면 어떻게 합니까?"

그제야 나는 나의 잘못을 뼈저리게 느꼈습니다. 자신의 임무에 충실한 경찰관과 더 이상 언쟁하는 것은 아무 소용없다는 사실을 깨달았지요. 잘못은 분명 나에게 있었습니다.

나는 경찰관에게 서둘러 잘못을 인정했습니다. 그리고 곧장 렉스를 데리고 집에 가서 목줄과 입마개를 채우겠다고 약속했지요.

나의 솔직한 사과와 다짐에 경찰관도 슬며시 미소 지으며 다음부터는 꼭 주의를 당부한다고 말했습니다. 원칙대로라면 과태료를 물어야 했지만, 그 경찰관은 자신의 권한 범위 안에서 나의 잘못을 용서했지요. 만약 내가 그 자리에서 잘못을 시인하지 않은 채 계속 따지고 들었다면 경찰관도 가차 없이 과태료를 부과했을 것이 틀림없습니다.

그 밖에도 자신의 잘못을 순순히 인정해 오히려 상황을 좋게 만드는 경우는 많습니다. 한 가지 사례를 더 이야기해 보겠습니다.

내가 아는 출판 디자이너 중에 페르디난드 워렌이라는 사람이 있습니다. 어느 날 그는 한 출판사 편집장의 호출을 받았지요. 그가 그려 보낸 일러스트에 문제가 있었기 때문입니다. 워렌과 마주한 편집장은 불같이 화를 내며 소리쳤지요.

"아니, 일을 이렇게 하면 어떡합니까? 이달 안에 꼭 출판해야 하는 책인데, 일러스트 때문에 일정이 완전히 꼬이게 됐어요!"

".........."

워렌은 한동안 아무 말도 하지 않았습니다. 굳이 잘잘못을 따지고 든다면 지나치게 일을 독촉한 편집장에게도 책임을 물을 수 있었습니다. 하지만 어쨌거나 일러스트를 그린 것은 자신이었고, 시간에 쫓겨 실수한 것도 자신이었지요. 잠시 뒤 그는 조심스런 표정으로 잘못을 인정했습니다. 오랜 세월 출판 디자이너로 일해 온 자존심을 뒤로 하고 말이지요.

"이번 일의 잘못은 전적으로 저에게 있습니다. 정말 죄송합니다. 오랫동안 일해 와 이제는 실수하지 않을 법도 한데, 제 자신이 부끄럽습니다."

그러자 뜻밖에 편집장이 당황했습니다. 그의 얼굴빛이 살짝 붉어지더니 급히 손사래를 쳤지요.

"아닙니다. 아니에요, 디자이너 님. 제가 일을 너무 빨리 해달라고 재촉한 잘못도 크지요. 이왕 이렇게 된 것 어쩔 수 있나요? 제가 출판사 사장님과 함께 거래처들을 설득해 일정을 좀 조정해 보겠습니다."

페르디난드 워렌의 경우도 앞서 이야기한 엘버트 허버드나 내가 경험한 사례와 다르지 않습니다. 이러쿵저러쿵 변명하지 않고 솔직히 자신의 잘못을 인정해 좋은 방향으로 사태를 수습할 수 있었지요. 그 후 워렌은 오히려 그 출판사와 신뢰를 유지하며 더 많은 일을 함께 했다고 합니다.

어린이 여러분, 사람이 살아가다 보면 누구나 실수나 잘못을 하게 마련입니다. 곰곰이 생각해 봐서, 만약 내가 옳다면 상대방을 이해시키고 설득하면 됩니다. 그런데 내가 잘못하거나 틀렸다면 즉시 인정하는 태도가 필요하지요.

자기가 잘못해 놓고도 이 핑계 저 핑계 대며 다투면 얻는 것이 아무것도 없습니다. 그와 달리 스스로 잘못을 인정하면 상대방과 더 이상 갈등 없이 이전보다 더 좋은 관계를 지속할 수 있습니다.

## 〈네 번째 이야기〉 친밀한 표정으로 다정히 말해

상대방과 논쟁하다가 내 기분대로 막 소리를 질러대면 어떤가요? 내 말이 옳고 상대방의 의견이 틀렸다며 비아냥대거나 윽박지르면 어떤가요? 순간 나의 기분이 좋아질 수는 있겠지요. 잠깐이나마 내가 이겼다는 승리감에 도취되어 우쭐할 수는 있겠지요.

하지만 그와 같은 태도로 상대방을 설득할 수 있을까요? 상대방이 그냥 내 앞에서 고개를 끄덕이는 게 아니라, 진심으로 나의 생각에 동의할 수 있을까요? 만약 상대방이 친구라면 그 후에도 사이좋게 우정을 나눌 수 있을까요?

미국의 제28대 대통령이었던 우드로 윌슨은 다음과 같이 말했습니다.

"당신이 주먹을 쥐고 덤비면 상대방도 주먹을 쥐고 달려들게 마련입니다. 그렇지만 만약 당신이 '우리 함께 이성적으로 이야기해 봅시다. 우리가 서로 다른 견해를 갖고 있다면, 그 이유와 차이점을 곰곰이 따져 봅시다.'라고 차분히 말한다면 상황이 달라질 겁니다.

두 사람은 머지않아 서로의 의견 차이보다 오히려 비슷하게 생각하는 점이 더 많다는 사실을 깨닫게 될 것이 틀림없지요. 인간관계에서 인내와 솔직함과 선의를 가지면 대부분의 문제는 큰 충돌 없이 해결되는 법입니다."

윌슨의 이 말을 누구보다 잘 실천한 사람은 존 록펠러 2세입니다. 그가 아버지의 회사를 물려받아 사업에 몰두할 무렵 미국 역사상 최악의 노동자 파업이 일어났지요. 무려 2년 동안 이어진 파업으로 노동자와 기업의 갈등이 갈수록 심해졌습니다. 록펠러 2세가 경영하는 회사도 마찬가지였지요.

어느 날, 성난 노동자들이 록펠러 2세가 운영하는 콜로라도 석유 회사에 몰려가 임금 인상을 요구했습니다. 그들의 폭력으로 회사 기물이 파괴되자 군대까지 동원되기에 이르렀지요. 당시에는 오늘날처럼 평화적이고 민주적인 노사 문화가 뿌리내리지 못했습니다. 군인들이 실제로 총을 쏴 노동자들이 죽거나 다치는 일이 심심치 않게 벌어졌지요.

그런데 그토록 증오와 폭력이 난무하던 때, 록펠러 2세는 자신만의 방식으로 파업에 참가한 노동자들의 마음을 사로잡았습니다. 그는 약 보름 동안 수많은 노동자들을 만나 그들의 불만과 바람을 경청했지요. 노동자 당사자뿐만 아니라 그의 가족까지 만나 어려움을 살폈습니다. 그리고는 노동자 대표들을 한 자리에 모아 놓고 진지하게 말문을 열었지요. 노동자 대표들은 처음에 시큰둥했지만, 록펠러 2세의 솔직한 연설에 점점 귀를 기울였습니다. 그 날 길게 이어졌던 록펠러 2세의 연설 중 일부를 옮겨 보도록 하지요.

"저는 오늘 이 자리에 선 것이 무척 자랑스럽습니다. 지난 보름 남짓, 제가 여러분을 비롯해 여러분의 가족들과 진솔하게 이야기를 나눠 왔기에 오늘 우리는 남이 아니라 친구로서 만나는 것이라고 생각합니다. 아울러 제가 이 회사의 경영자로서 살아갈 수 있는 것은 오랜 시간 노동자 여러분이 열심히 일하고 희생하신 덕분인 것을 잘 알고 있습니다.

여러분, 오늘은 제 인생에서 특별한 날입니다. 기업을 이끌어가는 경영자로서 여러 임원들과 노동자 대표들을 만나 회사의 미래를 위해 함께 이야기할 수 있는 것은 매우 큰 행운이라고 생각합니다. 저는 오늘의 모임을 평생, 영원히 기억하겠습니다. 만약 이 모임이 3주 전에 열렸다면, 저는 임원진을 제외하고는 대부분의 노동자 대표 분들과 낯설고 서먹서먹한 사이였을 것입니다. 그러나 지난 보름 동안, 비록 충분하지는 않아도, 제가 여러 노동자 분들과 그 가족 분들을 만나 대화한 덕분에 지금의 노사 갈등을 해결할 방법도 찾을 수 있게 되었습니다.

여러분, 우리 모두 이 회사의 운명 공동체라는 사실을 명심해 우호적인 분위기에서 진지한 대화를 나눴으면 합니다. 노동자 여러분의 바람을 전부 들려주십시오. 저와 임원진이 열심히 듣고 최대한 그 내용을 실천하도록 하겠습니다. 회사 경영에 심각한 피해를 입히지 않는 선에서 임금 인상도 적극 고려하겠습니다.

다시 한 번 강조하건대, 여러분과 저는 이 회사의 운명 공동체입니다. 서로를 적대시하지 말고, 친밀한 얼굴로 다정히 이야기를 나누면 좋겠습니다.”

그 날 록펠러 2세의 연설은 기대보다 더 큰 성과를 거두었습니다. 적어도 그 회사에서는 노사 갈등이 줄어들어 파업이 막을 내렸지요. 그와 같은 록펠러 2세의 일화야말로 서로를 적대시하던 관계를 친구로 변화시킨 더없이 훌륭한 사례입니다.

어린이 여러분, 자신이 상대방에게 나쁜 감정을 품고 있으면 어떤 논리로도 그 사람의 마음을 돌릴 수 없습니다. 좋은 말로 타일러 보지도 않고 무작정 아이들을 꾸짖는 부모, 앞뒤 설명조차 없이 냅다 윽박지르는 선배나 친구가 결코 상대방을 설득할 수는 없는 법입니다. 내가 강하게 밀어붙여 상대방이 머리를 조아린다고 해서, 그것이 나의 의견에 진짜 동의하는 것은 절대로 아닙니다. 하지만 그와 달리 상대방을 친절하고 다정하게 대하면 그 사람의 생각이 진심으로 달라질 수 있습니다.

여러분은 지금 내가 쓴 글을 읽으면서, 혹시 머릿속에 떠오르는 이솝 우화가 있나요? 「바람과 해님의 내기」라고요? 네, 맞습니다. 많은 어린이들이 알고 있겠지만, 그 이야기를 여기에 옮겨 보겠습니다. 이미 알고 있는 내용이라 하더라도 이번 기회에 다시 한 번 곰곰이 생각해 중요한 교훈을 얻게 되기를 바랍니다.

'바람이 해님 앞에서 자기 힘이 더 세다며 우쭐댔습니다. 해님은 얼굴 가득 미소를 지을 뿐 아무 대꾸도 하지 않았지요. 제 분에 못 이긴 바람이 해님에게 서로의 힘을 겨뤄 보자고 떠들어댔습니다. 때마침 한 나그네가 언덕을 넘어오는 것이 보였는데, 누가 그의 외투를 더 빨리 벗기는지 내기를 하자고 말했지요. 해님도 바람의 말에 고개를 끄덕였습니다.

먼저 바람의 차례였습니다. 바람은 있는 힘껏 돌풍을 일으켜 나그네를 휘몰아쳤지요. 돌풍으로도 모자라 태풍이라 할 만한 세찬 바람을 일으켰습니다. 하지만 그럴수록 나그네는 옷을 더 단단히 여몄지요. "오늘따라 왜 이렇게 바람이 부는 거야? 외투를 단단히 여며야겠군."이라고 중얼거리면서 말이에요. 결국 바람은 나그네의 외투를 벗기지 못했습니다.

이번에는 해님의 차례였습니다. 해님이 부드럽고 따뜻한 빛을 내리쬐자 나그네는 이마에 맺힌 땀방울을 연신 닦아냈지요. 그러다 해님이 점점 더 뜨거운 열기를 내뿜자 더는 견디지 못해 외투를 훌렁 벗어 버렸습니다. "아이, 더워! 갑자기 한여름 날씨가 됐네. 외투를 그냥 입고 있다가는 온 몸이 땀으로 젖겠어."라고 투덜대면서 말이지요. 자기 스스로 외투를 벗은 나그네를 바라보며 바람은 창피해 몸 둘 바를 몰라 했습니다.'

그래요, 많은 어린이들이 알고 있듯 그날 내기의 승자는 해님이었습니다. 나그네의 외투를 벗기겠다며 다짜고짜 힘으로만 밀어붙인 바람이 아니라, 부드러운 온기를 쏟아 부어 나그네 스스로 외투를 벗게 한 해님의 승리였지요.

여러분은 내가 새삼 이솝 우화 「바람과 해님의 내기」를 들려준 이유를 알겠습니까?


이 이야기에는 친절한 태도와 칭찬이 호통과 비난보다 더 효과적으로 사람의 마음을 바꾼다는 교훈이 담겨 있습니다. 에이브러햄 링컨도 "한 방울의 꿀이 한 통의 쓸개즙보다 더 많은 나비를 불러 모은다."라고 강조했지요. 어린이 여러분이 친구나 부모 형제를 설득할 때도 한 통의 쓸개즙보다 한 방울의 꿀이 필요합니다. 한 방울의 꿀이란, 바로 친밀한 표정과 다정한 말투를 의미하지요. 그래야만 상대방의 마음을 얻어 바람직한 인간관계를 계속 이어갈 수 있습니다.

## 〈다섯 번째 이야기〉 상대방이 '예'라고 대답하게 시작해

 여러분이 학급 회의를 한다고 가정해 볼까요? 20명 남짓한 한 학급에서도 모든 사람들의 생각이 같을 수는 없겠지요. 당연히 서로 다른 의견이 있게 마련입니다.

 그런데 친구들과 이야기할 때 서로 의견이 다른 문제부터 논의하는 것은 바람직하지 않습니다. 그보다는 서로 의견이 같은 주제로 이야기를 시작하는 것이 좋지요. 그래야만 나와 상대방이 같은 목표를 향해 나아가고 있다는 사실을 깨닫게 되니까요. 서로 생각이 다를 뿐이지, 결국 학급을 위하는 마음은 똑같다는 사실을 이해하게 되는 것이지요.

 만약 처음부터 서로 의견이 엇갈리는 주제부터 꺼내게 되면 상대방으로부터 "아니!" 또는 "절대 안 돼." 같은 대답을 듣기 십상입니다. 어떤 안건을 논의하자마자 그런 대답을 듣게 되면 서로 반발심을 갖게 되지요. 사람들은 한 번 '아니!'라고 대답하면 자존심 때문에라도 그 말을 번복하지 않으려 합니다.

 나중에 자신의 대답이 너무 경솔하지 않았을까 후회해도 체면이나 고집 때문에 말을 바꾸려 하지 않지요. 그러므로 처음부터 상대방이 "응, 좋아."나 "나도 그렇게 생각해."라고 대답할 수 있는 분위기를 만드는 것이 중요합니다.

 사람은 "아니오!"라고 했을 때와 "네!"라고 했을 때의 신체 반응이 다릅니다. 사람이 진심으로 "아니오!"라고 말하면 단순히 입으로만 그러는 것이 아니라 신체 곳곳에도 많은 변화가 일어나지요. 분비샘과 신경, 근육 등 다양한 조직이 일제히 거부 반응을 나타내는 것입니다. 그와 달리 "네!"라고 말할 경우 신체 거부 반응은 일어나지 않습니다. 각 신체 기관이 긍정적이면서 개방된 태도를 보이게 되지요.

 그러므로 "네!"라는 반응을 최대한 이끌어낼수록 내가 생각하는 방향으로 상대방을 이해시키기 더 쉬워집니다. 대화와 토론을 시작하자마자 상대방으로부터 "아니오!"라는 반응을 얻는 순간, 그것을 "네!"로 바꾸기까지는 생각보다 훨씬 많은 시간과 노력이 필요하지요. 나는 뉴욕에서 일하는 제임스 에버슨이라는 은행원을 알고 있습니다. 어느 날 은행에서 일하고 있는 그에게 한 사람이 찾아왔지요.

그는 꽤 부자라 이미 다른 은행에 많은 돈을 예금한 최우수 고객이었습니다. 그날 그는 새로운 예금 통장을 만들려고 처음 에버슨의 은행에 방문한 것입니다. 에버슨은 정중히 예의를 갖춰 고객을 대했습니다.

미소 띤 얼굴로 각종 서류를 가져와 고객의 서명을 받았지요. 그런데 웬 일인지 그 고객은 자신의 주소를 제대로 쓰지 않으려 했습니다. 자기가 사는 아파트까지는 흔쾌히 밝히면서 몇 동 몇 호에 거주하는지는 적지 않으려고 했지요. 다른 은행원 같았으면 곧장 규정을 내세워 세부 주소까지 전부 적어야 한다고 말했을 것이 틀림없습니다. 만약 그랬다면, 그 고객은 십중팔구 "아니, 싫소!"라고 말하며 불쾌한 표정을 지었겠지요. 이 은행과는 절대 거래하지 않겠다며 자리에서 벌떡 일어섰을지도 모를 일입니다.

하지만 에버슨은 달랐습니다. 그는 다음과 같은 말로 고객을 설득했지요.

"고객님, 주소를 좀 더 자세히 적어 주세요. 그래야만 저희 은행에서 명절에 선물을 보내 드릴 수 있습니다. 최우수 고객에게는 특별히 좋은 선물을 보내 드리거든요. 그리고 은행에서 알려야 하는 중요한 소식이 있을 때 우편물을 보내기도 하고요."

그러자 까다로운 고객이 고개를 끄덕였습니다. 비로소 은행이 고객을 위해 자세한 정보를 요구한다고 생각한 것이지요. 그 고객은 더 이상 고집부리지 않고 자신의 집 주소를 전부 다 정확히 적어 냈습니다.

이 이야기에서 알 수 있듯, 처음부터 상대방의 긍정적인 반응을 이끌어내는 것이 인간관계에 있어 매우 효과적입니다. 처음에 상대방과 갈등을 일으키면 그 상황이 호의적으로 마무리되기 어렵지요. 아마도 그 고객은 나중에도 에버슨과 좋은 관계를 유지했을 것이 분명합니다. 다시 강조하지만, 대화를 시작할 때 "아니오!"가 아니라 "네!"의 반응을 이끌어내야만 내가 바라는 결론에 다다를 수 있습니다.

고대 그리스 철학자 소크라테스는 '문답법'이라는 방식으로 제자들에게 진리를 깨우쳐 주었습니다. 문답법이란, 말 그대로 '질문하고 대답을 듣는 방식'이라는 뜻이지요. 소크라테스는 자신의 지식을 일방적인 가르침으로 전달한 것이 아니라, 문답법을 통해 제자들 스스로 깨닫게 했습니다. 다시 말해, 소크라테스식 문답법을 통해 제자들에게서 "네!"라는 대답을 이끌어냈다는 뜻입니다.

소크라테스의 문답법에는 강요가 없었습니다. 그는 제자들 앞에서 질문에 질문을 거듭해 자연스럽게 "네!"라는 대답이 나오게 했지요. 불과 몇 분 전에 부정하고 있던 문제에 대해 제자들이 긍정적인 답변을 하도록 이끌어낸 것입니다. 그랬기에 소크라테스는 오랜 세월 동안 인류 최고의 철학자 중 한 사람으로 추앙받고 있지요.

 어린이 여러분, 그럼 이번 장 다섯 번째 이야기의 핵심을 정리해 보겠습니다.

 그것은 바로 상대방이 "네!"라고 반응할 수 있도록 대화를 이끌어가라는 것입니다. 그렇게 차분히 대화를 이어가다 보면 상대방을 진심으로 설득할 수 있는 길이 열리게 마련입니다. 당장 다음번 학급 회의에서 오늘 배운 교훈을 실천해 보기 바랍니다.

## 〈여섯 번째 이야기〉 상대방이 '예'라고 대답하게 시작해

혹시 여러분 주변에 쓸데없이 말 많은 친구가 있나요? 그런데 불필요하게 말을 많이 하면, 오히려 상대방이 핵심을 놓치게 되는 경우가 많습니다. 상대방을 설득한다고 수다스럽게 떠들어대면 역효과를 불러오기 십상이지요.

 그러면 어떻게 하는 편이 좋을까요? 한마디로, 상대방이 말을 많이 하게 만들어야 합니다.

 그들은 자신의 일이나 문제에 관해 여러분보다 훨씬 더 많이 알고 있지요. 그러니 이런저런 질문을 해서 상대방이 저절로 자신의 이야기를 하게 이끌어야 합니다.

 그때 여러분이 상대방과 의견이 다르면 말을 끊고 끼어들고 싶을 때가 있을 것입니다. 하지만 절대 그러면 안 됩니다. 인간관계에서 그런 행동은 반드시 피해야 합니다.

 상대방은 스스로 하고 싶은 말이 많기 때문에, 사실 여러분에게 별 관심이 없습니다. 그러니 열린 마음으로 인내심을 갖고 듣기만 하는 편이 바람직합니다. 진심으로 상대방의 말을 경청하며, 상대방이 충분히 자신의 생각을 이야기할 수 있도록 맞장구를 쳐주는 것이 좋습니다.

 어떻게 보면 우습게 들릴지 모를 사례 하나를 소개하겠습니다.

얼마 전 뉴욕의 한 신문에 '남다른 능력과 경험을 가진 사람을 구합니다.'라는 제목을 단 구인 광고가 실렸습니다. 인터넷이 발달하기 전에는 그와 같은 직원 모집 광고가 자주 신문에 실렸지요.

찰스 큐벨리스라는 사람이 구인 광고를 보고 이력서를 냈습니다. 며칠 후 그는 회사에서 인터뷰하러 오라는 연락을 받았지요. 그는 인터뷰하러 가기 전에 회사를 설립한 창업주에 대해 가능한 한 많은 조사를 했습니다. 그리고 인터뷰하는 날, 큐벨리스는 몇 가지 질문에 차분히 대답하다가 뜻밖에 그 회사 사장에게 물었지요.

"이 회사처럼 훌륭한 역사를 가진 기업에 제가 지원하게 되어 영광입니다. 그런데 한 가지 궁금한 것이 있습니다. 사장님께서는 28년 전 책상 하나와 속기사 한 명만 데리고 회사를 창업하셨다는데 사실입니까?"

그렇게 당돌한 행동을 하는 사람은 오직 큐벨리스밖에 없었습니다. 사장과 함께 있던 회사 임원들이 순간 당황했지요. 하지만 사장의 표정은 더없이 밝아졌습니다. 사업에 성공한 사람들은 대부분 자신이 창업 초기에 겪었던 어려움을 회상하는 것을 좋아하지요. 사장은 큐벨리스의 질문을 받고 과거로 시간 여행을 하는 듯 옛 기억을 쏟아내기 시작했습니다.

"자네의 말을 듣고 보니 내가 고생한 날들이 새삼 떠오르는구면. 나는 단돈 4천500달러와 빛나는 아이디어만으로 사업을 시작했지. 정말이지 하루에 12시간에서 16시간씩 하루도 쉬지 않고 일했다네. 많은 사람들이 나를 비웃었고, 종종 절망적인 상황에 맞닥뜨리기도 했지만 그와 같은 노력이 있어 모두 극복해낼 수 있었지. 결국 이제는 많은 사람들이 나의 조언을 들으러 올 만큼 사업에 크게 성공했다네."

사장의 얼굴에는 스스로 감격해하는 표정이 떠올랐습니다. 그는 다시 큐벨리스를 바라보며 경력 사항 등을 좀 더 묻더니 옆에 앉은 한 임원에게 말했지요.

"이 청년이 바로 우리가 찾는 사람 같소. 직원으로 채용해 함께 일해 보도록 합시다."

어린이 여러분, 이 일화를 읽고 어떤 생각이 드나요?

찰스 큐벨리스가 너무 영악한 사람이라고요? 물론 그렇게 판단할 수도 있겠지요. 사장의 심리를 교묘히 이용해 자신의 목적을 이루었으니까요.

하지만 큐벨리스는 분명 자신의 고용주가 될지 모를 사람을 알기 위해 열심히 노력했습니다. 그리고 상대방이 그 사실을 스스로 되새기게 해 자신에게 호감을 갖도록 했지요. 그는 상대방에 대한 정보를 이용해 아첨을 떤 것이 아니라, 상대방이 즐겁게 말문을 열어 자신을 남다른 사람으로 기억하게 만들었습니다.

여러분의 친구들도 마찬가지입니다. 인간은 누구나 자신의 이야기를 하고 싶어 하니까요. 프랑스 철학자 라 로슈푸코는 이렇게 말했습니다. "적을 만들고 싶으면 친구를 이겨라. 친구를 얻고 싶으면 친구가 이기게 해주어라."라고요.

이 말이 왜 옳은 말일까요? 친구가 나보다 잘하면, 그 친구는 자존감을 느끼며 행복해합니다.

그와 반대로 내가 친구보다 잘하면, 그 친구는 열등감을 느끼며 질투하게 되지요. 어느 면에서는 안타깝지만, 인간의 본능에 그런 마음이 있는 것이 사실입니다. 친구의 성공을 내가, 나의 성공을 친구가 진심으로 축하해 주는 경우도 많지만 말이지요.

심지어 독일에는 이런 속담이 있다고 합니다. "우리가 부러워하는 사람이 잘못되는 것을 보는 것이 가장 큰 즐거움이다."라고요. 인간의 마음이 때로는 그런 모습을 보이는 것도 부정할 수 없는 현실이지요.

그러니 내가 무엇을 잘해냈다고 해서 큰소리치며 잘난 척할 일은 아닙니다. '벼는 익을수록 고개를 숙인다.'라는 한국 속담이 있지요. 그 속담이 주는 교훈을 명심해 나의 성공을 떠벌여 상대방의 질투를 불러일으키는 행동을 하면 절대 안 됩니다. 그것은 바람직하지 않은 인간관계로 이어지게 마련이지요. 그러면 상대방은 말문을 닫고 나를 외면하게 됩니다. 그보다는 나를 낮춰 상대방이 스스로 즐겁게 말문을 열도록 하는 편이 훨씬 낫습니다.

어린이 여러분, 우리는 좀 더 겸손해져야 합니다. 여러분은 아직 실감하지 못하겠지만, 인생은 생각보다 짧습니다. 쓸데없이 자기 자랑을 하며 낭비할 시간이 없습니다. 그러니 이제부터라도 내가 아닌 다른 사람이 더 많은 이야기를 하도록 해봐요. 솔직히, 실컷 내 자랑을 해봤자 신나는 것은 나밖에 없을 때가 많지 않나요?

## 〈일곱 번째 이야기〉 상대방이 스스로 나를 돕게 해

다른 사람에게 자신의 의견을 강요하는 것은 바람직하지 않습니다. 그 대신 이런 의견도 있을 수 있다고 넌지시 암시하면서 상대방이 스스로 결정을 내리도록 하는 것이 현명한 방법입니다. 인간은 누구나 다른 사람의 의견보다 자신의 판단을 더 신뢰하기 때문입니다.

몇 가지 사례를 들어볼까요?

내 강의를 자주 들으러 오는 수강생 중에 아돌프 셀츠라는 중년 남성이 있습니다. 그는 자동차 영업 사무소의 책임자지요. 하루는 그가 부쩍 저조해진 실적 탓에 울적한 표정으로 내게 상담을 신청했습니다. 셀츠는 어떻게 해야 영업사원들이 차를 더 열심히 팔게 이끌 수 있을까 고민했지요. 나는 그의 이야기를 다 듣고 한 가지 조언을 건넸습니다.

"셸츠 씨, 사원들의 요구 사항에 먼저 귀 기울여 보세요. 그 다음에 책임자로서 바라는 바를 말해도 늦지 않습니다."

그러고 나서 2달이 지났을 때, 셸츠가 다시 나를 찾아왔습니다. 그는 한층 밝아진 얼굴로 그동안 있었던 일을 전했지요.

"선생님 말씀대로 사원들이 바라는 것을 먼저 제안하게 했습니다. 그 내용을 사무실 칠판에 일일이 옮겨 적었지요. 저는 도저히 실현 가능성이 없는 몇 가지만 빼고 나머지 요구 사항을 전부 들어주겠다고 약속했습니다. 그리고는 사원들에게, 당신들은 앞으로 어떻게 회사 생활을 할 것이냐고 물었지요. 그러자 회의 때마다 시큰둥해하던 사원들이 그날은 앞다퉈 자신들이 해야 할 바를 스스로 이야기했습니다."

"그랬군요. 사원들이 어떤 말을 하던가요?"
나는 미소 지으며 그에게 물었습니다.

"사실 사원들은 자신들의 문제를 이미 알고 있는 듯했습니다. 그들은 출퇴근 시간을 엄격히 지키겠다고, 고객들과 좀 더 소통하겠다고, 우리 회사 자동차의 장점을 꼼꼼히 파악해 홍보 활동을 더욱 적극적으로 하겠다고 약속했지요. 그 결과 얼마 전부터 영업 매출이 꾸준히 오르고 있습니다."

그렇습니다. 셀츠는 영업사원들과 긍정적인 거래를 한 셈입니다. 그가 영업사원들이 바라는 점을 먼저 이해해 들어주니까, 영업사원들 역시 판매 실적을 올리기 위해 진심어린 노력을 다짐한 것이지요. 셀츠가 자신의 의견을 강요하지 않고 영업사원들 스스로 문제점을 깨닫도록 유도해 매출 부진을 극복할 수 있었던 것입니다.

인간은 다른 사람에게 강요당하거나 명령에 따라 움직이는 것을 좋아하지 않습니다. 누구나 자기 스스로 생각하고 판단해 자발적으로 행동하기 바라지요. 사람들은 상대방이 자신이 바라고 요구하는 것에 대해 관심을 가져줄 때 진심으로 마음을 열기 시작합니다.

또 다른 사례도 있습니다.

이번에는 톰 왓슨이라는 중고 자동차 판매업자에 관한 이야기입니다. 내 강의를 들은 적도 있는 그 사람은 회사에서 남다른 실적을 올리는 것으로 유명했습니다. 그 비결이 과연 무엇이었을까요?

오래전, 왓슨에게 어느 노부부가 찾아왔습니다. 그는 여느 때처럼 노부부에게 어울릴 만한 중고 자동차를 골라 열심히 설명했지요. 그러나 노부부는 그것을 사지 않았습니다. 차가 너무 비싸다, 어디가 찌그러졌다, 디자인이 너무 구닥다리다 하며 트집 잡기 바빴지요.

그런데 왓슨 역시 나와 상담한 후 다른 판매 전략을 구사하기 시작했습니다. 이제 그는 자신을 찾아온 고객을 상대하면서 이렇게 말합니다.

"자동차를 판단하는 고객님의 안목이 대단하십니다. 고객님 생각에 이 정도 차라면 얼마의 가격이 적당하고 보시는지요?"

그러면 고객은 시운전까지 해보고 나서 곰곰이 궁리하다가 "내 생각에는 3천 달러 정도면 될 것 같군요."라는 식으로 대답하지요. 그때부터 거래 속도는 빨라져 곧 계약 체결로 이어집니다. 왓슨이 그 가격을 받아들이면, 고객은 자신이 선택한 금액이기에 별다른 거부감 없이 구매를 결정하는 것입니다.

물론 고객이 말한 금액이 터무니없는 경우도 있습니다. 그런 경우는 거래가 성사되기 어렵겠지요. 하지만 대부분의 고객은 나름대로 합리적인 선에서 가격을 이야기합니다. 그 금액이 종종 왓슨의 기대에 조금 못 미치기도 하지만 거래 자체가 실패하는 것보다는 훨씬 나은 결론이지요. 이익이 약간 줄더라도 더 많이 팔아 실적을 올리는 편이 나으니까요.

그와 같은 상황도 앞서 설명했듯 상대방이 스스로 생각하고 판단해 자발적인 행동에 이르게 한 성공 사례입니다. 역시 인간은 다른 사람의 의견에 따르기보다 자신의 판단을 더욱 신뢰하는 것이지요.

어린이 여러분, 이번 장 네 번째 이야기에서 언급한 미국 제28대 대통령 우드로 윌슨을 기억하나요? 당시 그에게는 에드워드 하우스라는 인물이 매우 훌륭히 보좌관 역할을 했습니다. 윌슨은 중요한 정책을 결정할 때마다 그에게 의견을 물었지요. 그런데 그럴 때마다 하우스가 반드시 지키는 규칙이 하나 있었습니다. 그는 훗날 한 인터뷰에서 다음과 같이 말했지요.

"대통령과 백악관에서 어떤 정책에 대해 토론할 때였습니다. 우리는 서로 의견이 달랐지요. 그래서 나의 주장을 계속 펼치기보다, 여러 자료를 보여드리며 대통령께서 다시 한 번 생각하실 시간을 갖게 했습니다. 놀랍게도, 대통령께서는 며칠 후 나의 의견과 같은 결정을 내리셨지요. 대통령 스스로 변하게 하려는 나의 계획이 적중했던 것입니다. 대통령께 서는 처음부터 자신이 그렇게 생각했다고 느끼실 정도였어요. 그처럼 나는 늘 대통령 스스로 생각하고 판단해 행동하시도록 분위기를 만들었습니다."

여러분, 에드워드 하우스가 참 슬기로운 사람이라는 생각이 들지 않나요? 그만큼 상대방이 스스로 나의 생각을 따르며, 나를 돕게 해야 의미가 있는 것입니다. 강요하거나 명령하는 듯한 말은 상대방을 영영 나에게서 멀어지게 할 뿐입니다.

## 〈여덟 번째 이야기〉 상대방 입장에서 생각해

누군가에게 잘못이 있어도 정작 그 사람은 그렇게 생각하지 않습니다. 다른 사람이 자기 방식대로 생각하고 행동하면서 자신이 옳다고 평가하는 데는 다 그만한 이유가 있지요. 그 이유를 차분히 알아보면 그의 행동, 더 나아가 그 사람의 성격까지도 파악할 수 있습니다. 그러므로 섣불리 상대방을 비난하는 것은 바람직하지 않지요. 한번쯤 상대방의 입장에서, 그들을 이해하려고 노력할 필요가 있습니다.

아주 오래전, 중국의 노자는 다음과 같이 말했습니다.

"강과 바다가 시냇물보다 넓고 깊은 까닭은 자신을 낮추기 때문이다. 그래서 강과 바다는 시냇물을 다스릴 수 있다. 그것을 교훈삼아 백성들 위에 서려고 하는 자는 자신을 낮춰야 한다.

그렇게 하면 다스리는 사람이 위에 있어도 백성들이 무겁다 하지 않고, 앞서 있어도 백성들이 해롭다고 생각하지 않는다."

이것은 어린이 여러분에게 정말 큰 도움이 될 만한 이야기입니다. 상대방을 쉽게 비난하지 말고, 이해하고 배려하며 겸손을 잃지 않아야 그들의 존중을 받을 수 있다는 의미입니다.

혹시 여러분 주변에 밉살스런 친구가 있나요?

그렇다면 한 번쯤 "내가 그의 입장이면 어떻게 느끼고 반응할까?"하고 생각해 보아요. 그러면 저절로 쓸데없이 화를 내지 않게 됩니다. 친구가 하는 행동의 원인에 관심을 갖게 되면 그 결과를 이해할 수 있지요. 그러다 보면 앞으로 여러분이 성장하면서 인간관계 기술이 더욱 발전할 것이 틀림없습니다.

상황극 하나를 떠올려 보겠습니다.

 우리 집 근처에 나무가 우거진 공원이 있습니다. 가을이 오면, 그 공원에는 마른 나무들과 낙엽이 가득하지요. 그곳의 가을 냄새는 사람들의 마음을 평온하게 만드는 묘한 매력이 있습니다.

 그런데 근래 들어 그곳에 큰 문제가 생겼습니다. 초등학생으로 보이는 몇몇 학생들이 삼삼오오 모여 불장난을 하지 뭐예요. 나는 공원을 산책하다가 그 광경을 몇 차례 목격했습니다. 한두 번 그러다 말겠지 했지만, 오히려 아이들의 불장난은 점점 더 과감해지고 있었습니다. 만에 하나 마른 나무들과 낙엽에 불씨가 옮겨 붙으면 어떡합니까.

 나는 고민 끝에 아이들의 위험한 행동을 말리기로 결심했습니다. 그러면서 생각했지요.

'저 놈들에게 냅다 큰 소리를 칠까? 당장 불장난을 그만두지 않으면 경찰서에 신고하겠다고 겁을 줄까? 아니면, 이마빡에다 꿀밤이라도 한 방씩 먹여 줄까?'

그러다가 나는 금세 생각을 바꿨습니다.

'아니야! 그렇게 했다가는 녀석들이 잔뜩 화가 나서, 다른 곳에 숨어 불장난을 할 게 틀림없어. 그러면 더 위험해질지 몰라.'

결국 나는 바뀐 생각을 따르기로 마음먹었습니다. 천천히 아이들에게 다가가 부드러운 목소리로 타일렀지요.

"얘들아, 이러다가 마른 나무와 낙엽에 불씨가 튈까 걱정이구나. 여기에 불이 붙으면 너희가 상상하는 것보다 훨씬 빠르게 번지거든. 아저씨도 어렸을 적에 불장난을 좋아해 너희의 기분은 잘 알아. 하지만 그 행동은 분명 잘못된 거야.

사람은 아무리 조심해도 뜻밖에 실수할 수 있거든. 만약 공원에 불이 나 너희가 처벌받게 되면 부모님들의 마음이 얼마나 아프겠니? 그러니 어서 불을 끄고, 조금이라도 불씨가 남지 않았는지 꼼꼼히 확인하렴. 공원 화장실에서 물을 가져다 붓거나 흙을 긁어 덮으면 도움이 될 거야. 그리고 앞으로는 저쪽에 있는 놀이터에 가서 노는 편이 더 재미있지 않을까?"

나의 차분한 충고에 다행히 아이들은 조금의 불만도 갖지 않았습니다. 그들의 마음을 헤아리며, 만에 하나 일이 잘못됐을 때 생길 걱정거리들을 자세히 설명해 준 덕분이었지요. 특히 자신들의 부모님이 어려움을 겪을 수 있다는 말이 큰 효과를 나타냈습니다. 내 말에 아이들은 스스로 불을 끄고 자리를 떠났지요. 아이들은 내게 공손히 인사까지 했습니다.

다른 사람에게 뭔가를 부탁하는 경우도 마찬가지입니다. 그때는 잠시 눈을 감고 상대방의 입장에서 상황을 정리해 볼 필요가 있습니다. 앞서 이야기했듯, "내가 그의 입장이면 어떻게 느끼고 반응할까?"라고 생각해 볼 줄 알아야 합니다. 그러면 시간이 걸리겠지만, 분명 상대방을 기분 나쁘게 만들지 않으면서 내가 바라는 바를 얻을 수 있습니다.

어떤 일이든 내가 목표하는 좋은 결과를 이끌어낼 수 있습니다.

## 〈아홉 번째 이야기〉 상대방 이야기에 공감해

나는 가끔 라디오 방송에 출연합니다. 한번은 방송에서 소설 『작은 아씨들』을 쓴 루이자 메이 알콧에 대해 이야기한 적이 있지요. 그런데 진행자와 이런저런 대화를 나누던 중, 나는 그녀가 뉴햄프셔 주 콩코드에서 작품을 집필했다고 말했습니다. 사실은 콩코드의 소재지가 매사추세츠 주이고, 나는 그것을 너무나 잘 알고 있었는데 순간 실수를 하고 만 것이지요.

일부 미국인들은 자기 고장에 대한 자부심이 지나칠 만큼 강합니다. 그날 내가 범한 실수는 적지 않은 후유증을 남겼습니다. 몇 날 며칠 방송국으로 항의 전화가 빗발쳤지요. 나는 어느 새 콩코드의 위치도 모르면서 아는 척을 하는 허풍쟁이가 되어 버리고 말았습니다. 특히 필라델피아 시에 사는 한 부인은 여러 차례 전화로 항의한 것도 모자라, 나에게 온갖 조롱을 담은 편지를 보내기까지 했지요. 그녀는 편지 마지막에 자기의 전화번호를 남길 만큼 당당했습니다.

"거참, 내가 루이자 메이 알콧을 식인종이라고 소개했어도 이렇게 비난을 듣지는 않겠군......"

나는 당시 상황이 너무 어이없었지만 그래도 최대한 사람들을 이해하려고 했습니다. 어쨌든 내가 실수한 것은 사실이었으니까요.

그로부터 얼마 후, 나는 필라델피아로 출장 갈 일이 생겼습니다. 마침 콩코드 사건이 다시 생각나 내게 항의 편지를 보냈던 부인에게 전화를 걸었지요. 그녀와 곧 통화가 이루어졌습니다.

"부인, 저는 데일 카네기라고 합니다. 몇 주 전 제가 한 무이자 메이 알콧에 관한 방송을 들으셨지요? 그때 제가 뉴햄프셔 주 콩코드에서 작가가 원고를 썼다고 잘못 말했습니다.

그래서 그 실수에 대해 사과하고 싶어 이렇게 연락 드렸어요. 부
인께서 일부러 시간 내 저의 잘못을 꾸짖는 편지까지 보내 주셔
서 고마웠습니다. 그 일로 저는 방송을 좀 더 신중히 해야 한다는
소중한 교훈을 얻었지요."

나의 솔직한 이야기에 부인은 선뜻 대꾸하지 못했습니다. 잠깐
시간이 흐른 뒤, 그녀가 부드러운 목소리로 말했지요.

"실은, 저도 좀 흥분했나 봐요. 그게 편지까지 보낼 일은 아니 었는데....... 미안합니다."

"아닙니다, 부인. 아마 중고등학생들도 저 같은 실수는 하지 않을 겁니다. 어떻게 여기저기 강연을 하러 다닌다는 사람이 콩코드가 어느 주에 있는지도 모를 수 있겠어요? 위대한 작가에 관한 정보를 그렇게 엉터리로 말하면 안 되지요. 제가 그 일을 나중에 방송을 통해 사과하기는 했지만, 부인께만큼은 꼭 개인적으로 사과드리고 싶었습니다."

서로의 사과로 우리 두 사람의 마음은 한결 홀가분해졌습니다. 그러자 부인은 자기가 왜 그토록 화를 냈는지 이유를 설명했지요.

"저는 매사추세츠 주 콩코드에서 태어났어요. 저희 집안은 지난 2백 년 동안 콩코드의 소문난 명문가였지요. 저는 지금도 고향을 무척 자랑스럽게 생각합니다. 루이자 메이 알콧이 제 고향에서 『작은 아씨들』을 썼다는 사실에도 굉장한 자부심을 느끼지요. 그러다 보니, 그날 선생님께서 방송에서 하신 실수에 지나치게 반응했나 봅니다. 세상을 살다 보면 누구나 그만한 실수는 하게 마련인데......."

부인의 말을 듣고 나도 가만있을 수는 없었습니다.

"그런 사정이 있으셨군요. 저 역시 다른 사람이 제 고향에 대해 잘못된 정보를 이야기하면 화를 낼 것이 틀림없습니다. 그날 실수를 하고 나서 저 또한 스스로에게 실망했지요. 앞으로는 그런 잘못을 범하지 않게 각별히 조심하겠습니다. 두 번 다시 부인처럼 자기 고향을 사랑하는 교양 있는 분들을 실망시켜 드리면 안 되니까요. 그럼에도 또다시 제게 부족한 점이 보이면 언제든 편지를 보내 주십시오. 기꺼이 부인의 지적을 받아들이겠습니다."

"아이고, 이렇게 훌륭한 선생님의 인품도 모르고....... 제가 한 일을 너그럽게 이해해주시니 정말 감사합니다. 선생님은 참 멋진 분이세요."

그날의 전화 통화 이후 부인은 내 강연과 방송의 열렬한 팬이 되었습니다. 내가 책을 내면 직접 사서 읽고 정성껏 독후감을 보내오기도 했지요.

그렇습니다. 내가 먼저 솔직히 잘못을 사과하고 부인의 입장을 이해했기 때문에, 그녀도 똑같이 사과하며 나의 입장을 이해해 주었던 것입니다. 나를 비난하는 사람에 대한 분노를 참아낸 덕분에, 나를 모욕했던 사람의 태도가 얼마 지나지 않아 누구보다 친절하게 바뀌었지요. 나는 그런 변화에 기분이 정말 좋았고 새삼 깨달은 바가 컸습니다.

어린이 여러분, 나에게 불만을 가진 친구의 화를 누그러뜨리고 나아가 호감을 갖게 하는 비밀의 문장을 알려 줄까요?

그것은 바로 "네가 그렇게 생각하는 것은 당연한 일이야. 나라도 너처럼 행동했을 게 틀림없어."라는 문장입니다. 이 문장은 내가 상대방을 먼저 이해해 그의 마음을 열면, 그 사람도 나를 이해하고 친밀한 감정을 갖는다는 놀라운 비밀을 담고 있습니다. 그렇게 이야기를 시작하면 아무리 화가 난 사람이라도 금방 누그러지게 마련이지요.

교육심리학자 아더 게이츠는 자신의 저서에서 다음과 같이 말했습니다. 그의 주장을 곱씹어 보면서 이번 이야기를 마치겠습니다.

"인간은 모두 공감 받고 싶어 한다. 특히 어린이는 자신의 상처를 보여주고 싶어 하며, 심지어 동정을 얻기 위해 일부러 상처를 내기도 한다.

 어른이라고 크게 다르지 않다. 어른들 역시 자신의 육체적, 정신적 상처를 드러내 상대방의 관심을 사려고 한다. 어떤 상황에서든 불행에 대한 자기 동정은 모든 인간이 느끼는 감정이며, 그것으로 타인에게 공감 받으려는 심리 또한 모든 인간의 본능이다."

## ⟨열 번째 이야기⟩ 고상한 마음에 호소해

'고상하다'라는 단어의 뜻은 '품위나 몸가짐의 수준이 높고 훌륭하다.'입니다. 사람들은 누구나 고상한 마음을 갖고 있지요. 다만 그것이 얼마큼 밖으로 드러나는지는 그 사람의 인격과 가치관에 따라 달라집니다.

미국의 은행가 존 피어폰트 모건은 일찍이 인간의 심리에 깊은 관심을 가졌습니다. 그는 "인간의 행위에는 두 가지 이유가 있다. 하나는 자기의 이익과 입장을 따진 진짜 이유고, 다른 하나는 그럴듯해 보이는 고상한 이유이다. 인간은 이상주의적인 경향을 띄고 있어 자신의 행위에 그럴듯한 이유를 붙이기 좋아한다. 그것은 때때로 진짜 이유보다 큰 힘을 발휘하므로, 상대방의 생각을 바꾸려면 그럴듯해 보이는 고상한 마음에 호소하는 것이 매우 효과적이다."라고 말했지요.

여러분이 이해하기 내용이 좀 어려운가요? 이 말은, 인간의 심리에 있는 고상한 마음에 호소하면 내가 바라는 대로 상대방을 움직일 수 있다는 의미입니다. 몇 가지 사례를 들어 보겠습니다.

비스카운트 노스클리프라는 유명한 언론인이 있었습니다. 그는 은퇴 후 한 신문에 자신의 글과 함께 사진이 대문짝만 하게 실린 것을 보고 기분이 언짢았지요. 당시 그는 여러 질병에 시달려 낯빛이 매우 어두웠습니다. 자신도 신문사에 근무해 봤지만, 늙고 병든 모습을 세상에 내보이기는 싫었지요. 노스클리프는 곧장 담당 기자에게 연락해 다음부터는 자신의 사진을 절대로 신문에 신지 말라고 당부했습니다. 하지만 담당 기자는 원고와 함께 글을 쓴 사람의 사진을 신는 것이 자기 회사의 규칙이라며 난처해했지요.

그러자 노스클리프는 다른 이야기를 꺼내, 결국 담당 기자의 약속을 받아냈습니다. 그는 "내 어머니께서 아직 살아 계십니다. 아흔 살이 훌쩍 넘은 어머니지만, 어느덧 칠십 노인이 된 아들의 병약한 모습이 신문에 실린 것을 보고 싶어 하시지 않습니다."라고 말했지요. 그 이야기가 담당 기자의 고상한 마음을 건드려 노스클리프의 부탁을 들어주기로 한 것입니다.

존 록펠러 2세에게도 그와 비슷한 일화가 있었습니다. 그는 워낙 유명 인사이다 보니 자식들까지 언론에 노출되기 일쑤였지요. 그 역시 그런 일을 막기 위해 기자들에게 편지를 보냈습니다. 그의 편지에는 다음과 같은 내용이 담겼지요.

'나는 기자 분들의 직업 정신을 존중합니다. 하지만 나에 대한 기사를 쓰면서 굳이 자식들의 사생활까지 침해할 필요가 있을까요? 여러분도 자녀가 있어 잘 아시겠지만, 어린 아들딸의 얼굴이 마구 세상에 알려지는 것은 좋지 않은 것 같습니다.'

이 편지를 받은 기자들은 그날 이후 록펠러 2세의 자녀 사진을 함부로 보도하지 않았습니다. 어쩔 수 없이 아이들의 사진을 실어야 할 때는 사전에 양해를 구했지요. 록펠러 2세의 일화 역시 기자들의 고상한 마음에 호소해 자신이 원하는 목적을 이룬 좋은 사례입니다.

얼마 전, 내가 아는 한 상인도 그와 같은 방식으로 상대방의 결심을 바꾼 일이 있습니다. 그는 한 건물에서 점포를 임대해 식당을 했는데, 건물 주인으로부터 계약 기간이 끝나기 전에 점포를 비워 달라는 통보를 받았습니다. 일정 금액을 피해 보상액으로 준다고 했기에, 당시 미국에서는 법적으로 크게 문제될 것이 없었지요. 그러나 상인은 그 점포에서 좀 더 장사를 하고 싶었습니다. 갑자기 가게를 옮기는 것이 쉬운 일은 아니었으니까요.

어떤 사람은 계약 기간 전까지 절대로 점포를 비울 수 없다며 건물 주인과 한바탕 다툼을 벌였을 수 있습니다. 또 어떤 사람은 계약 파기로 인한 피해 보상액을 더 많이 받아내기 위해 변호사를 찾아갔을 수도 있지요. 하지만 내가 아는 상인은 건물 주인에게 진심을 담아 편지를 썼습니다. 건물 주인의 생각을 돌리고 싶었던 것이지요.

'제가 이 자리에서 장사한 지 벌써 2년의 시간이 흘렀습니다. 이제 계약 기간이 1년쯤 남았지요. 그동안 저는 이곳에서 열심히 장사해 많은 단골손님을 만들었습니다. 그런 사정을 잘 아시는 사장님께서 계약 기간이 끝나기 전에 점포를 비워 달라는 데는 분명 그만한 이유가 있겠지요. 그럼에도 저는 사장님께서 계약 기간을 지켜 주시기 바랍니다. 제가 다른 곳에 점포를 알아보고, 단골손님들에게 가게 이전 소식을 알릴 수 있도록 말입니다.

저는 이 점포에 세 들어 지낸 2년 동안 사장님이 얼마나 훌륭한 인격을 갖추신 분인지 여러 차례 지켜보았습니다. 사장님께서는 형편이 어려운 다른 임차인들의 처지를 번번이 헤아려 주시기도 했지요. 이번에도 부디 저의 입장을 살펴 계약 기간을 지켜주시면 좋겠습니다.'

그로부터 며칠 후, 건물 주인이 직접 상인을 찾아왔습니다. 그리고는 자신의 섣부른 결정에 얼마나 고민이 컸겠느냐면서 그를 위로했지요. 결국 점포를 비우는 것은 상인의 바람대로 없던 일이 되었습니다. 그것 또한 상인이 건물 주인의 고상한 마음을 움직였기 때문에 가능한 변화였지요.

다시 말하지만, 인간은 누구나 고상한 마음을 갖고 있습니다. 다른 사람을 동정하거나, 자신의 손해를 알면서도 타인을 위해 희생하는 태도가 다 그 마음에서 비롯되지요. 설령 이기적이고 나쁜 짓을 일삼는 사람이라 하더라도 그의 고상한 마음을 일깨우면 결심과 행동을 바꿀 수 있습니다.

## 〈열한 번째 이야기〉 나의 생각을 효과적으로 표현해

케네스 굿과 젠 코프만이 지은 『사업과 쇼맨십』이라는 책이 있습니다. 거기에는 기발한 기획과 연출을 통해 부쩍 매출을 높인 여러 기업의 사례가 소개되어 있지요. 이를테면 이런 것들입니다.

시어즈 로벅 회사는 창업 초기 패션 소품을 만들어 팔았습니다. 그들은 저렴한 가격의 모자에 유명인의 사인을 넣는 디자인 아이디어로 수많은 소비자들의 사랑을 받았지요. 또한 해리 알렉산더가 창업한 회사에서 자사 제품과 경쟁사 제품이 벌이는 가상의 복싱 시합으로 광고를 만든 것도 사람들에게 강렬한 인상을 남겼습니다. 이제는 세계 최고의 자동차 기업으로 성장한 크라이슬러사가 자기 제품의 견고함을 증명하기 위해 차 위에 코끼리를 세운 일화도 그 책에 등장하지요.

『사업과 쇼맨십』이 독자들에게 전하려는 메시지는 분명합니다. 어떤 사실이나 자기의 장점을 상대방에게 각인시키려면 보다 효과적인 방식으로 자신을 드러내야 한다는 것이지요. 그냥 밋밋하게 사실 그대로 이야기해서는 기대만큼 그 내용이 잘 전달되지 않습니다. 사람들은 재미와 흥미가 있어야 타인의 말이나 행동에 더 집중하니까요.

흔히 요즘은 연출의 시대라고 합니다. 단순히 사실을 나열하는 것만으로는 충분하지 않은 시대라는 뜻입니다. 사실에 극적인 요소를 더해 호기심을 불러일으켜야만 대중의 관심을 끌 수 있습니다. 어떤 사람들은 그것을 일컬어 쇼맨십이라고도 표현하지요. 오늘날의 대중매체가 바로 그와 같은 변화를 주도해 왔습니다.

그런데 이제는 기업이나 유명인들뿐만 아니라, 평범한 사람들의 일상생활에서도 그런 태도를 가져야 할 때가 적지 않습니다. 우리의 인간관계에서도 나의 생각을 좀 더 효과적으로 드러내 극적인 변화를 가져올 필요가 있다는 말입니다. 그때의 연출은 거짓이 아니라 진심을 담아 상대방의 눈길을 끄는 멋진 포장입니다. 인간관계에서도 내용만큼 그것을 전달하는 방식이 중요한 시대입니다.

몇 년 전, 신문사「필라델피아 이브닝 불리틴」은 나쁜 소문에 시달리고 있었습니다. 그 신문의 기사는 양도 적고 품질도 별 볼 일 없는데, 영업사원들의 수완으로 많은 광고를 싣고 있다는 모함이었지요. 그런 소문을 그대로 두었다가는 머지않아 신문사 경영이 큰 어려움에 빠질 것이 틀림없었습니다. 신문사 경영진과 기자들이 한 자리에 모여 대책을 논의했지요. 그리고 한 가지 해결책을 내놓았습니다.

「필라델피아 이브닝 불리틴」은 일주일치 신문 기사를 모아 한 권의 책으로 엮었습니다. 거기에 광고나 독자 편지 같은 내용은 하나도 싣지 않았지요. 오로지 기자들이 취재한 여러 기사들만 차례대로 모아 놓았을 뿐입니다. 그리고 일주일치 기사만으로도 307쪽에 달하는 그 책을 1달러도 안 되는 돈에 팔았지요. 사람들은 곧 호기심을 가졌고, 공짜나 다름없는 가격에 흔쾌히 책을 사기 시작했습니다.

그럼 그 결과는 어땠을까요?

307쪽에 달하는 책을 읽은 사람들은 「필라델피아 이브닝 불리틴」의 기사 수준이 얼마나 괜찮은지 저절로 실감하게 되었습니다. 광고 등을 이용한 화려한 편집 때문이 아니라, 「필라델피아 이브닝 불리틴」의 기사 자체의 품질이 훌륭하다는 사실을 깨달았지요. 따라서 내실 없이 운 좋게 광고만 잔뜩 싣는다는 오해를 벗어던질 수 있었습니다.

어린이 여러분, 만약 「필라델피아 이브닝 불리틴」이 자신들의 억울함을 감정적인 말로 토해내거나 나쁜 소문을 퍼뜨리는 사람들을 일일이 법원에 고소했다면 어땠을까요?

아마도 그런 방식은 사람들의 호응을 거의 불러일으키지 못했을 것입니다. 그냥 목소리 높여 사실만 떠들어대서는 아무도 관심 갖지 않으니까요.

그 신문사의 사례는 우리가 일상생활을 하면서도 꼭 참고할 필요가 있습니다. 다른 사람을 설득하려면 무미건조하게 사실만 나열하기보다 최대한 효과적인 방법을 고민해야 하지요. 그것이 극적일수록 상대방은 나의 이야기에 귀를 기울이게 됩니다. 다짜고짜 큰 소리로 내 주장만 펼쳐서는 아무도 눈길조차 주지 않지요. 이제는 분명 그런 시대입니다.

## 〈열두 번째 이야기〉 경쟁심을 자극해

철강왕 앤드류 카네기가 인정한 인재 찰스 슈왑 이야기를 다시 해야겠습니다.

어느 날, 슈왑은 자기가 관리하는 공장들 중 생산 실적이 가장 낮은 곳을 찾아갔습니다. 그가 공장장에게 물었지요.

"공장장님처럼 유능한 분이 있는데, 왜 이렇게 생산 실적이 안 좋지요?"

"글쎄요, 저도 잘 모르겠습니다. 직원들을 달래고, 재촉하고, 때로는 강하게 밀어붙여 보기도 하는데 기대만큼 성과가 없네요. 죄송합니다."

그때 마침 주간 근무조가 하루 일과를 마치고 밖으로 몰려 나왔습니다. 이제 곧 야간 근무조가 들어가 그 자리를 대신할 시간이었지요.

 슈왑은 공장장에게 분필을 하나 가져다 달라고 부탁하더니 퇴근
하는 직원에게 물었습니다.

 "오늘 쇠 녹이는 용해 작업을 몇 번 했나요?"
 "6번 했습니다."

 그러자 슈왑은 한마디 말없이 바닥에다 숫자 '6'을 크게 쓰고는
공장을 떠났습니다. 잠시 뒤, 야간 근무조가 들어오다 바닥의 숫
자를 보고는 공장장에게 물었지요.

"이게 뭡니까?"

"방금 전 찰스 슈왑 사장님이 써놓고 가셨네. 주간 근무조 직원에게 용해 작업 횟수를 물어보더니 여기에 적어 놓으시더라고. 이유는 나도 모르겠네."

그런데 다음날 아침 일찍 슈왑이 다시 그 공장을 방문했습니다. 그리고는 자기가 써 놓았던 숫자 6을 지우고 숫자 '7'을 적은 뒤 공장에서 나갔지요. 곧이어 공장에 출근한 주간 근무조 직원들이 바닥에 쓰인 숫자 7을 보고 고개를 갸웃했습니다.

"아니, 이게 뭐야? 야간 근무조가 한 용해 작업 횟수인가?"
"그런 것 같군. 어제 쓰여 있던 6은 우리가 한 작업 횟수였으니까."

그 생각이 든 순간, 주간 근무조 직원들은 갑자기 경쟁심이 불타올랐습니다. 그들은 그날 용해 작업을 9번이나 했지요. 그들은 퇴근하면서 공장 바닥에 스스로 커다랗게 숫자 '9'를 썼습니다.

그럼 야간 근무조는 어땠을까요? 네, 그렇습니다. 그들 역시 주간 근무조에 경쟁심을 느꼈지요. 공장 바닥의 숫자는 자연스럽게 '10', '11', '12'로 점점 늘어 갔습니다. 어느새 생산성이 2배나 높아진 것이지요.

훗날 찰스 슈왑은 그 일을 회상하며 이렇게 말했습니다.

"사람들에게는 내가 남들보다 뛰어나고 싶다는 본능이 있습니다. 기업을 경영하다 보면 그와 같은 경쟁심을 북돋워야 할 필요가 있지요. 물론 직원들에게 그 대가는 충분히 보상해 줘야 합니다."

그처럼 경쟁심을 자극하는 것은 상대방을 설득할 때도 큰 도움이 됩니다. 말로써 어르고 달래는 것보다, 상대방 스스로 더 잘하고 싶다는 생각이 들게 만드는 것이 중요하지요. 그러다 보면 나의 바람대로 상대방이 변화하게 됩니다.

과거 뉴욕 주 주지사였던 알 스미스도 경쟁심을 통한 설득의 기술을 잘 활용한 인물입니다. 그는 주지사 재임 시절, 악명 높기로 유명한 씽씽교도소 소장을 임명하지 못해 골머리를 앓았지요.

아무도 그곳에 가려고 하지 않았으니까요. 스미스는 고민 끝에 루이스 로즈라는 사람을 설득해 보기로 했습니다.

"자네가 씽씽교도소 소장을 맡아 주게."
"아니, 그곳은......."
"나도 알고 있네. 씽씽교도소의 죄수들이 얼마나 거칠고 험악한지. 지난 1년 동안 무려 6명의 소장들이 사표를 낸 것만 봐도 충분히 짐작할 만하네. 그래서 이렇게 자네에게 부탁하는 것 아닌가?"
"그래서 제게 부탁하신다고요?"
"그렇다네. 씽씽교도소는 내가 아는 몇몇 뛰어난 인재가 아니면 도저히 감당할 수 없는 곳일세. 나는 자네를 시작으로 그들과 차례차례 상담해 볼 생각이네."

처음에 로즈는 씽씽교도소 소장이 될 생각이 전혀 없었습니다. 그 일을 잘해내면 출세 길이 열리겠지만, 자칫 생명이 위태로울 수도 있는 곳이니까요. 그런데 주지사가 한 '몇몇 뛰어난 인재'와 '그들과 차례차례 상담해 볼 생각이야'라는 말에 마음이 흔들렸습니다. 그의 경쟁심을 자극하려던 스미스 주지사의 계획이 제대로 맞아떨어진 것이지요. 결국 로즈는 씽씽교도소 소장을 맡기로 결심했습니다.

그로부터 1년이 지났을 때, 루이스 로즈는 여전히 씽씽교도소 소장 자리에 앉아 있었습니다. 그 사이 씽씽교도소는 많은 것이 개선됐지요. 죄수들은 소장이 자신들을 인격적으로 대하는데다 여러모로 환경이 좋아지자 더는 말썽을 부리지 않았습니다.

어린이 여러분, 지나친 경쟁심은 인간성을 삭막하게 만드는 단점이 있습니다. 하지만 적당한 경쟁심은 자신과 사회의 발전에 도움이 되지요. 나아가 인간관계에도 윤활유 같은 역할을 할 때가 적지 않습니다.

어린이 여러분! 우리는 이번 장에서 모두 12가지 이야기를 통해 상대방을 설득하는 방법을 자세히 알아봤습니다. 그 내용을 순서대로 정리하고 나서 다음 장으로 넘어가도록 하지요.

☑ 1. 쓸데없는 논쟁은 하지 마.

☑ 2. 적을 만들지 마. 상대방 의견을 존중해.

☑ 3. 잘못했으면 솔직하게 인정해.

☑ 4. 친밀한 표정으로 다정히 말해 봐.

☑ 5. 이야기할 때, 상대방이 '예'라고 대답하게 시작해.

☑ 6. 나보다 상대방이 더 많이 말하게 해.

☑ 7. 상대방이 내 의견에 동의해서 스스로 나를 돕게 해.

☑ 8. 한번쯤 상대방 입장에서 생각해 봐.

☑ 9. 상대방 이야기에 적극적으로 공감해.

☑ 10. 누구에게나 있는 고상한 마음에 호소해.

☑ 11. 나의 생각을 효과적으로 표현해.

☑ 12. 긍정적인 경쟁심을 자극해.

# 잠깐, 생각해봐

〈제 4 장〉
불만 없이 사람들을
변화시키는 9가지 방법

## 〈첫 번째 이야기〉 칭찬과 감사의 말로 시작해

이발사는 수염을 면도하기 전 손님의 얼굴에 비누거품을 넉넉히 칠합니다. 그래야만 날카로운 면도칼이 닿아도 손님의 피부를 상하게 하지 않기 때문이지요. 우리가 다른 사람들과 의사소통을 할 때도 그와 같은 규칙을 지켜야 합니다. 다짜고짜 면도칼 같은 말부터 꺼내면 상대방이 마음을 다치기 십상이지요. 그러면 상대방은 반발심만 커지게 마련입니다.

1896년, 윌리엄 매킨리가 미국 공화당 대통령 후보였을 때 일화입니다. 중요한 선거 유세를 앞두고 홍보 담당자가 연설문을 써 왔지요. 그런데 매킨리가 꼭 담고 싶었던 내용들이 빠져 있었습니다. 매킨리는 어떻게 해야 홍보 담당자가 감정 상하지 않고 원고를 수정할지 고민했지요. 그가 생각 끝에 말문을 열었습니다.

"이보게, 자네는 나의 기대대로 훌륭한 연설문을 써 왔네. 수고했어. 아마도 이런 연설문을 쓸 수 있는 사람은 자네밖에 없을 걸세. 그런데...... 이 연설문은 오늘 유세에는 좀 어울리지 않는 것 같군. 다음 기회에 이 원고를 잘 살리면 정말 굉장한 반향을 불러일으킬 걸세. 그러니 미안하지만, 이번에는 연설문을 다시 써 보면 좋겠네. 내가 몇 가지 내용을 메모해 줄 테니 손을 봐서 다시 가져오게."

홍보 담당자 입장에서 애써 쓴 연설문이 받아들여지지 않으면 기분이 좋을 리 없습니다. 같은 일을 다시 하려면 귀찮기도 하겠지요. 그러나 홍보 담당자는 흔쾌히 연설문을 수정하겠다고 말했습니다. 매킨리가 칭찬과 감사를 잊지 않으면서 자신의 바람을 전했기 때문입니다. 매킨리는 홍보 담당자의 자존심을 살려 주면서 연설문을 수정하는 최선의 결과를 이끌어 낸 것입니다.

어린이 여러분, 앞서 에이브러햄 링컨이 조지 미드 장군에게 썼던 편지를 기억하나요?

미국의 남북 전쟁 당시 조지 미드 장군은 조셉 후커 장군의 후임 지휘관이었습니다. 전임자 후커는 치밀함이 부족한 성격 탓에 링컨의 기대만큼 북부군을 통솔하지 못했지요. 무려 18개월 동안 북부군이 계속 수세에 몰리는 일까지 벌어졌습니다.

날이 갈수록 사상자가 늘어가자 링컨은 큰 고민에 빠졌습니다. 그는 후커 장군에게 마지막 기회를 주기로 마음먹고 편지를 써 보냈지요. 그런데 훗날 알려진 편지의 내용이 사람들에게 놀라움을 안겨 줬습니다. 대통령으로서 마구 꾸짖고 책임 추궁을 해도 시원찮을 상황에, 링컨은 끝까지 예의를 갖추며 후커 장군을 독려했지요.

링컨의 편지 내용을 옮겨 보면 다음과 같습니다.

'친애하는 조셉 후커 장군에게.

나는 장군을 포토맥 전선의 총 지휘관으로 임명했습니다. 신념을 가지고 내린 그 결정이 잘못되었다고는 결코 생각하지 않습니다. 다만, 이제는 장군에게 불만인 점도 있다는 사실을 알아줬으면 합니다.

장군은 용감하고 지략을 갖춘 군인입니다. 그리고 나는 장군이 정치와 군대를 혼동하지 않는 인물인 것을 확신합니다. 장군은 항상 자신감이 넘칩니다. 이것은 군인으로서 소중한 자산입니다. 또한 장군은 이성적인 범위 안에서 야심이 있습니다. 장군을 믿고 따르는 부하들이 아주 많다는 것도 나는 잘 알고 있습니다.

하지만 지금 내가 장군에게 요구하는 것은 전투에서 승리하는 것입니다. 앞으로도 정부는 최선을 다해 장군을 지원하겠습니다. 그러니 장군이 다시 한 번 마음을 다잡아 병사들의 사기를 되살려 주기 바랍니다. 더 이상 패배감에 젖어 의욕을 잃지 말고 하루빨리 전세를 역전시켜 주십시오. 나는 장군을 믿습니다. 반드시 전력을 다해 승리를 거둘 수 있도록 노력해주십시오.

안타깝지만, 이것이 내가 장군에게 해 줄 수 있는 마지막 기회입니다. 나는 장군이 다시 승전고를 울리며, 오랫동안 북부군을 통솔해 줄 것을 기대합니다.'

어린이 여러분이 보기에 편지의 내용이 어떤가요?

여러 차례 반복되는 패전에도 불구하고 이렇게 자신의 자존심을 지켜 주고 믿어 주는 상관이라면 더욱 충성을 다하고 싶지 않을까요? 만약 링컨이 후커를 조롱하고 억누르는 태도로 대했다면 어떤 일이 벌어졌을까요?

비록 그 후에도 후커 장군이 전세를 뒤집지는 못했지만, 링컨의 마음씀씀이는 우리에게 큰 교훈을 전합니다. 그것이 바로 반감이나 반발 없이 상대방을 변화시키는 효과적인 방법입니다.

## 〈두 번째 이야기〉 미움 받지 않게 비판해

다시 찰스 슈왑 이야기입니다. 그 시절에는 지금만큼 담배에 대한 사회적 인식이 부정적이지 않았지요. 금연 구역이 별로 없었을 때의 이야기입니다.

찰스 슈왑이 공장을 둘러보고 있는데, 한쪽 구석에서 직원들이 담배를 피우고 있었습니다. 당시로는 드물게, 그들의 머리 위에는 '금연'이라는 표지가 붙어 있었지요. 그곳은 정밀하고 위험한 작업이 이루어지는 장소라 담배를 피우지 못하게 했습니다. 그런 곳에서 규칙을 어기고 흡연하는 행위는 지적받아 마땅했지요.

그런데 슈압은 금연 표지를 가리키며 "자네들은 글 읽을 줄 모르나!"라는 식으로 호통 치지 않았습니다. 그렇게 했더라도 누구하나 불만을 내비칠 수 없었지만, 그는 결코 그런 말은 하지 않았지요.

그 대신 슈왑은 직원들에게 다가가 자기가 갖고 있던 담배를 한
개비씩 나눠 주었습니다. 그리고는 차분한 목소리로 말했지요.

"자네들, 공장 밖으로 나가서 담배를 피워주면 고맙겠네."
"……"

갑작스런 사장의 등장에 당황했던 직원들은 그 말을 듣고 아무런 대꾸도 할 수 없었습니다. 금방이라도 불호령이 떨어질 것 같아 바짝 긴장했는데 의외의 상황이 벌어진 것이지요. 직원들은 아무 말도 하지 못한 채 슬금슬금 공장 밖으로 걸음을 옮겼습니다.

어떤가요, 어린이 여러분? 찰스 슈왑의 행동이 참 슬기롭지 않나요?

그는 마구 감정을 드러내며 섣불리 직원들을 나무라지 않았습니다. 그 대신 담배까지 나눠주면서 직원들 스스로 잘못을 절감하게 했지요. 그러니 그 회사에서 많은 직원들이 슈왑을 존경하지 않을 수 없었습니다.

미국에서 워너메이커라는 유명 백화점을 설립한 존 워너메이커도 찰스 슈왑 못지않게 슬기로운 사람이었습니다. 그는 하루에 한 번씩 필라델피아에 있는 자신의 백화점 매장을 둘러보았지요.

그런데 어느 날, 어떤 상품을 구매하려는 고객이 종업원을 찾아 주위를 두리번거리는데 아무도 관심을 기울이지 않았습니다. 그 광경을 본 워너메이커는 발걸음을 멈추고 잠시 상황을 지켜보았지요. 그 매장에는 분명 2명의 직원이 있었는데, 한쪽 구석에 모여 잡담에 빠져 있었습니다. 그들은 고객이 무엇을 원하는지 전혀 모르는 눈치였습니다.

어린이 여러분 생각에 워너메이커가 어떻게 행동했을 것 같나요? 잔뜩 화난 표정으로 종업원들에게 다가가 어서 손님 응대를 하라며 큰 소리쳤을 것 같나요?

워너메이커는 그렇게 행동하지 않았습니다. 그는 말 한마디 하지 않고 조용히 고객에게 다가가 어떤 상품을 구매하려는지 물었지요. 그리고는 진열대를 뒤져 고객이 원하는 상품을 찾아왔습니다. 그제야 깜짝 놀란 종업원들이 허둥지둥 달려왔지요. 워너메이커가 침착한 목소리로 말했습니다.

"고객님께서 이 상품을 구매하시려 하네. 예쁘게 포장해 드리게."

그리고 나서 워너메이커는 조용히 자리를 떠났습니다. 종업원들을 꾸짖는 말은 한마디도 하지 않았지요. 그러나 그가 매장을 떠난 뒤, 2명의 종업원 모두 자신들의 잘못을 깊이 깨달았습니다. 크게 소리쳐 나무라지 않아도 그 효과는 훨씬 더 컸지요.

우리는 찰스 슈왑과 존 워너메이커의 행동을 통해 중요한 사실 하나를 배울 수 있습니다. 그것은 다른 사람이 실수나 잘못을 범했을 때, 직접 드러내 질책하기보다 간접적인 방법으로 스스로 깨달을 수 있게 하는 것이 더 바람직하다는 사실이지요.

## 〈세 번째 이야기〉 나의 잘못을 먼저 이야기해

내 조카들 중에 조세핀 카네기라는 아이가 있습니다. 그는 캔자스시티에서 고등학교를 졸업한 뒤 뉴욕으로 와 나의 비서로 일했지요. 당연한 말이지만, 그때까지 그 아이는 직장생활 경험이 전혀 없었습니다. 고향을 떠나 낯선 곳에서 처음 사회생활을 하려니 한동안 실수할 때가 많았지요.

어느 날, 조세핀이 제법 심각한 잘못을 저질렀습니다. 그가 중요한 스케줄을 내게 말해 주지 않아 고객에게 실례를 범하게 됐지요.

'이 녀석, 이번에는 아주 혼쭐을 내줘야겠네. 삼촌 회사에서 근무한다고 너무 부주의하게 일하는 거 아냐?'

　하지만 나는 곧 조세핀을 야단치려던 마음을 바꾸었습니다. 순
간 머릿속에 이런 생각이 스쳐 지나갔지요.

　'잠깐만, 데일 카네기. 네 나이는 조카보다 두 배나 더 많잖아?
사회생활 경험은 그 애보다 몇 백 배, 몇 천 배나 더 많고. 그런
데 왜 자꾸만 너의 눈높이에서 조카를 판단하려고 하는 거야?

　아직 어린 조카에게 어떻게 너만큼의 주의력과 판단력을 기대할
수 있겠어? 그건 절대로 공평하지 않아. 네가 열아홉 살 때 어땠
는지 생각해봐. 그때는 너도 툭하면 실수를 저질렀잖아?'

나의 생각이 여기에 미치자 도저히 조세핀을 나무랄 수 없었습니다. 더구나 나는 그동안 조카에게 따뜻한 칭찬의 말도 건넨 적이 없었습니다. 그냥 회사 대표로서 늘 엄격하게 조카를 대했지요. 나는 스스로 자신을 반성한 끝에 조카를 불러 다정히 말했습니다.

"조세핀, 이번에 실수하고 너도 걱정이 많았지? 다음부터는 회사 일을 할 때 좀 더 신중해야 해. 자칫 다른 사람들한테 실례를 범할 수 있으니까 말이야. 하지만 너에 앞서 내게도 잘못이 있어. 이제 막 사회생활을 시작한 너에게 그동안 너무 많은 일을 시킨 것 같아. 돌이켜보면, 나는 네 나이 때 훨씬 더 자주 실수를 범했지. 그래도 너 정도면 첫 직장생활을 썩 잘해내고 있는 편이야."

나의 말에 잔뜩 풀이 죽어 있던 조세핀의 얼굴빛이 한결 밝아졌습니다. 내가 덧붙여 말했지요.

"사실 모든 사람은 오랜 시간에 걸쳐 이런저런 경험을 통해 배우는 게 있어. 그 과정에서 점점 실수도 줄여 나가게 되지. 나는 네가 머지않아 이 회사의 든든한 기둥이 될 거라고 믿어. 그러니 앞으로는 모든 일을 좀 더 꼼꼼히, 좀 더 적극적인 자세로 해나가렴. 그러다 보면 너도 이 뉴욕에서 당당한 사회인으로 살아갈 수 있을 거야."

나의 계속된 당부와 칭찬에 조세핀은 용기 내 의지를 다지는 듯 했습니다. 조카가 고개를 끄덕이며 다시 한 번 얼마 전 잘못에 대해 사과했지요. 그리고는 씩씩하게 사무실 한쪽 자신의 자리로 돌아갔습니다.

그렇습니다. 우리는 상대방을 비난하기 전에 자신을 낮추는 모습을 보일 필요가 있습니다. 누구나 실수와 잘못을 범하게 마련이니까요. 그리고 지금 자신의 입장에서가 아니라, 상대방의 상황을 헤아릴 줄 알아야 합니다. 자기보다 나이가 어리거나, 가진 것이 적거나, 사회 경험이 적은데 무턱대고 최선의 결과만 요구할 수는 없지요.

어린이 여러분도 이따금 친구들과 다툼을 벌이지요?

그럴 때 꼭 나와 조세핀 사이에 있었던 일을 떠올려 보아요. 상대방의 잘못을 탓하기 전에, 나의 잘못을 먼저 솔직히 이야기해 봐요. 그러면 친구도 꽁꽁 얼었던 마음이 스르르 풀려 다시 예전처럼 사이좋게 지낼 수 있을 거예요.

## 〈네 번째 이야기〉 명령하지 마

다른 사람들에게 명령조로 이야기하는 사람이 있습니다. 마치 자기가 군대 상관이라도 되는 양 상대방의 마음은 헤아리지 않고 막무가내로 말하지요. 그런 사람은 다른 사람들의 반발을 사기 십상입니다. 눈앞에서는 고분고분 따르는 시늉을 해도 마음속으로는 불평이 쌓이게 마련이지요.

나는 최근에 전기 작가 아디다 타벨 여사와 식사할 기회가 있었습니다. 그녀와 나는 공통 관심사인 인간관계를 화제로 즐거운 대화를 나누었지요. 그녀는 얼마 전 법률가 오언 영의 전기를 쓰면서, 그와 같은 사무실에서 3년 간 근무했던 사람을 인터뷰했던 내용을 들려주었습니다. 나는 그 이야기를 통해 오언 영에 관해 새로운 사실을 알게 됐지요.

오언 영은 부하 직원들을 대할 때 누구에게도 명령한 적이 없다고 합니다. 그는 '명령'이 아니라 '제안'을 했지요. 무슨 말이냐고요? 이를테면 이런 식입니다. 그는 "이렇게 해. 저렇게 해." 또는 "이렇게 하지 마. 저렇게 하지 마."라는 식으로 말하지 않았습니다. 그 대신 "이렇게 판단해 볼 수 있지 않을까?" 또는 "이렇게 하면 잘 되지 않을까?"라며 상대방이 스스로 생각해 볼 기회를 줬지요.

부하 직원이 보고서를 써 왔을 때도 마찬가지였습니다. 그는 보고서를 꼼꼼히 살펴보며 "자네는 이 점에 대해 어떻게 생각해?"라거나 "이 부분을 이런 식으로 고치면 더 좋을 것 같아."라는 식으로 의견을 묻고 문제점을 지적해 상대방을 존중했지요.

그렇듯 오언 영은 항상 주변 사람들에게 스스로 생각할 수 있는 기회를 주었습니다. 절대로 명령하지 않고 상대방이 스스로 자신이 한 일을 되돌아보게 했지요. 그런 과정을 통해 상대방은 자기의 실수를 깨달아 좀 더 능력 있는 사회인으로 성장해 나갔습니다. 아울러 그들은 마음 깊이 오언 영에게 존경심을 가졌지요.

어린이 여러분도 누군가를 상대할 때 오언 영 같은 태도를 지녀야 합니다. 그래야만 상대방이 여러분의 충고를 기꺼이 받아들이며 조금씩 발전하게 되니까요. 그리고 여러분을 진심으로 좋아하게 되니까요.

## 〈다섯 번째 이야기〉 상대방의 자존심을 살려 줘

미국에 제너럴일렉트릭이라는 세계적인 기업이 있습니다. 1878년 발명가 토머스 에디슨이 설립한 전기 조명 회사에서 출발해 최고의 첨단 기술과 서비스 기업으로 성장했지요. 오래전 그 기업에 찰스 스타인메츠라는 인물이 재무실장으로 임명됐습니다. 그는 전기 분야의 전문가로 명성이 대단했지요. 그런데 재무실장으로서 관리해야 할 회계 업무에는 아는 지식이 별로 없었습니다.

제너럴일렉트릭의 경영진은 곧 인사 발령이 잘못된 것을 깨달았습니다. 아무리 전기 회사라고 해도 재무실장은 무엇보다 회계 업무 전문가가 맡아야 한다고 생각했지요. 그래서 스타인메츠를 재무실장 자리에서 물러나게 하기로 결정했습니다. 문제는 그것을 통보하는 방법이었지요.

경영진은 긴 회의 끝에 스타인메츠를 불러 말했습니다.

"자네는 우리 회사에 없어서는 안 될 인재이네. 하지만 지금의 자리는 자네에게 맞지 않은 옷인 것 같아. 우리 생각에는 자네가 엔지니어 부서 책임자로 일하면 더욱 탁월한 능력을 발휘할 것 같은데, 어떻게 생각하나?"

"좋습니다, 그렇게 하도록 하지요. 제가 엔지니어 부서를 제대로 이끌어 보겠습니다."

경영진의 제안에 스타인메츠는 아무런 불평도 하지 않았습니다.

오히려 흔쾌히 그 말을 따르기로 했지요. 만약 회사에서 다짜고짜 재무실장 자리에서 물러나라고 명령했다면 그는 기분이 무척 나빴을 것입니다. 그러나 경영진이 자신의 자존심을 지켜 주자, 스타인메츠는 회사에 대한 충성심이 더욱 깊어졌지요. 결국 제너럴일렉트릭은 까다로운 인사 문제를 아무런 잡음 없이 마무리할 수 있었습니다.

그와 비슷한 사례가 어느 대형 마트에서도 있었습니다. 회사는 여름철 성수기에 고용한 몇몇 계약직 직원을 해고하기로 결정했지요. 그래서 당장 계약 연장이 어렵다는 사실을 통보하기로 했습니다. 그것을 알리는 방법은 두 가지가 있었지요.

첫 번째는 다음과 같은 방식이었습니다.

"스미스 씨, 여기 앉아보세요. 바쁜 시기가 지났으니 당신에게 더 이상 맡길 업무가 없습니다. 물론 처음부터 여름철에만 일하기로 계약했으니까, 오늘까지 근무하고 내일부터는 출근하지 마십시오."

만약 어린이 여러분이 인정이라고는 눈곱만큼도 없는 이런 말을 듣게 된다면 기분이 어떨까요?

그와 달리, 다음과 같은 방식으로 이야기할 수도 있습니다.

"스미스 씨, 그동안 열심히 일해 주셔서 고맙습니다. 덕분에 우리 마트의 매출이 많이 늘었어요. 이제 여름철이 끝나 아쉽게 계약을 만료하게 됐지만, 성실하고 실력도 있으니 어디든 더 좋은 일자리를 찾을 수 있을 겁니다. 그리고 다음에 기회가 닿으면, 다시 우리와 함께 일할 수 있게 되기를 기대합니다."

다행히 대형 마트에서는 두 번째 방식을 채택했습니다. 그 결과 스미스를 비롯한 몇몇 계약직 직원들은 별 불만 없이 회사를 떠났지요. 아니, 그들은 오히려 그 대형 마트에 대해 좋은 인상을 갖게 됐습니다. 언제든 구인 공고가 올라오면 다시 이력서를 내 봐야겠다고 생각했지요.

제너럴일렉트릭과 대형 마트의 사례에서 보듯, 인간관계에 있어 상대방의 자존심을 지켜 주는 것은 매우 중요합니다. 그런데 의외로 그 규칙을 실천에 옮기는 사람은 많지 않지요.

다른 사람의 자존심을 가볍게 여기는 사람은 자기의 목적을 이루기 위해 상대방의 기분을 처참히 짓밟고는 합니다. 상대방의 감정이 상처 입는 것은 개의치 않은 채 자녀나 친구, 부하 직원 등을 함부로 꾸짖고 비난하지요.

상대방의 자존심을 헤아리는 따뜻한 이야기가 훨씬 효과적인데도 말입니다.

## 〈여섯 번째 이야기〉 칭찬이 성공을 이끈다

나는 서커스단 동물 조련사의 행동에서 우리가 배울 점을 보았습니다. 그들은 동물을 훈련시킬 때 '칭찬'이라는 도구를 적절히 사용하지요. 사람들 앞에서 공연을 펼칠 원숭이를 조련할 때도 마찬가지였습니다.

"비비, 차렷! 손님들께 인사!"

그러자 신기하게 원숭이 비비가 관객석을 향해 꾸벅 고개를 숙였습니다. 조련사는 자신의 지시를 잘 따른 원숭이의 머리를 쓰다듬어주며 큰 소리로 "잘했어!"라고 칭찬했지요. 그리고는 주머니에서 간식을 꺼내 원숭이에게 건넸습니다.

사실 손님들을 향해 인사하는 것은 그 원숭이가 배워야 할 여러 재주 중 하나일 뿐이었습니다. 그 후에도 조련사는 원숭이 비비에게 이런저런 재주를 가르쳤지요. 색다른 재주를 배울 때마다 시행착오를 겪기도 했지만, 조련사는 결국 원숭이가 훌륭히 공연할 수 있게 훈련시키는 데 성공했습니다. 그 비결이 칭찬이었지요. 조련사는 원숭이가 자신의 지시를 잘 따를 때마다 "잘했어, 비비!" 하며 큰 소리로 격려했습니다. 그뿐 아니라 맛있는 간식거리로 보상하는 것도 잊지 않았지요.

앞서 씽씽교도소의 환경을 크게 개선한 루이스 로즈 소장 이야기를 기억하나요? 그 역시 죄수들을 올바르게 교화하는 데 칭찬만큼 효과적인 것이 없었다며 다음과 같이 말했습니다.

"죄수들의 노력을 적절히 칭찬해주면, 그들은 새로운 사람이 되려고 더 모범적으로 생활하는 모습을 보였습니다. 무작정 잘못을 비판하는 것보다 훨씬 나은 방법이었지요."

나는 감옥에 투옥된 적이 없지만 그의 말을 충분히 이해했습니다

내 인생을 돌아보아도 몇 마디의 칭찬으로 더욱 열정을 발휘하게 된 경험이 있으니까요. 어린이 여러분도 그런 적이 있지 않나요? 칭찬은 사람들에게 그야말로 마법 같은 기적을 불러옵니다.

오래전, 이탈리아 나폴리의 한 공장에서 열 살짜리 소년이 일하고 있었습니다. 당시에는 인건비가 저렴하다는 이유로 어린아이들을 고용하는 공장이 많았지요. 그런데 그 소년은 힘든 하루하루를 보내면서도 성악가가 되고 싶다는 희망을 간직했습니다.

그 사실을 알게 된 주변 사람들이 비아냥거렸지만 소년은 결코 꿈을 잃지 않았지요. 그에게는 칭찬과 격려를 아끼지 않는 엄마가 있었기 때문입니다.

"얘야, 너는 반드시 훌륭한 성악가가 될 수 있단다. 비록 지금은 우리가 가난 탓에 힘겨운 삶을 살고 있지만, 머지않아 세상이 너의 재능을 알아줄 것이 틀림없어."

꿈을 잃어버리지 않고 쉼 없이 노력했습니다. 그러면 엄마가 또다시 한 단계 더 발전한 소년의 실력에 칭찬을 아끼지 않았지요. 그리고 언젠가 아들이 음악 학교에 가서 정식 성악 수업 받을 수 있도록 열심히 일해 차곡차곡 돈을 모았습니다. 결국 어머니의 칭찬과 격려, 희생이 소년의 삶을 바꾸었지요. 그 소년의 이름은 바로 20세기 초 최고의 성악가로 잘 알려진 엔리코 카루소입니다.

카루소의 일화에서 알 수 있듯, 다른 사람의 숨겨진 재능을 칭찬으로 북돋아 용기를 주면 상상보다 큰 변화를 이끌어낼 수 있습니다. 그것이 다름 아닌 칭찬의 힘이지요.

그럼 미국 하버드대학교 교수이자 뛰어난 심리학자였던 윌리엄 제임스 교수의 말을 전하며 이번 이야기를 마치겠습니다.

"우리의 가능성에 비하면, 우리는 그중 절반만 깨어 있다. 우리가 가진 육체적, 정신적 능력의 일부분만을 사용하고 있는 것이다. 다시 말해, 인간은 자신이 가진 능력치에 훨씬 못 미치는 삶을 살고 있다는 의미다. 인간의 능력에는 물론 한계가 있지만, 대부분의 사람들은 그만큼도 자기 능력을 발휘하지 못하고 있다."

그렇습니다. 이 책을 읽고 있는 어린이 여러분도 분명히 아직 사용하지 못한 여러 가지 능력을 갖고 있습니다. 그중에는 상대방을 칭찬해 그의 잠재력을 깨닫게 해주는 능력도 포함됩니다.

## 〈일곱 번째 이야기〉 장점을 북돋아 스스로 변하게 해

"상대방에게 장점이 없어도, 마치 장점이 있는 것처럼 말하라."
이것은 윌리엄 셰익스피어의 이야기입니다.

위대한 작가의 조언처럼, 상대방이 스스로 노력하게 만들고 싶으면 그가 어떤 장점을 가졌다고 공개적으로 말하는 것이 좋습니다. 상대방에게 그의 장점을 부각시켜주면, 그 사람이 스스로 기대에 부응하기 위해 열심히 노력하기 때문입니다.

지난날 기관차를 생산했던 볼드윈 회사의 사장 사무엘 보클레인은 "사람들은 존경하는 사람이 자신의 능력을 높이 평가해 줄 때 능동적으로 움직인다."라고 말했습니다. 이 또한 상대방의 장점을 돋보이게 해줄 경우, 그 사람 스스로 기대에 어긋나지 않게 행동하려고 노력한다는 의미입니다.

그와 같은 사례는 우리 주변에서 얼마든지 찾아볼 수 있습니다. 프랑스 가수 조제트 르블랑은 『메테르링크와 함께한 추억』이라는 책에서 한 소녀의 놀라운 변화에 대해 이야기했지요. 한때 호텔에서 허드렛일이나 하던 소녀 '접시닭이 마리'가 자신의 삶을

 적극적으로 개척해 나가는 의지의 인물로 변한 계기를 설명한 것입니다. 어느 날 르블랑은 자신의 시중을 들던 마리에게 다정한 한마디의 말을 건넸습니다. 나이에 어울리지 않게 고생하는 어린 소녀를 보며 측은한 마음이 들었기 때문이지요. 르블랑은 마리에게 "너는 네 안에 깃든 보물을 모르는 것 같구나. 네게는 아직 많은 가능성이 있으니 현실에 안주하지 말고 미래를 꿈꾸렴."이라고 말했습니다. 그때까지 소녀에게 그런 말을 해주는 사람은 아무도 없었지요. 그날 이후 마리는 이전과 전혀 다른 사람이 되어 자신의 삶에 희망을 갖게 됐습니다.

또 하나의 사례는 미군 장교 헨리 리스너에 관한 일화입니다.

그는 병사들 앞에서 종종 "여러분이 내가 아는 가장 정의롭고 용맹한 군인입니다!"라고 말했습니다. 그 역시 자신의 상관에게 들었던 찬사인데, 그 이야기가 불러일으키는 긍정적인 효과를 잊지 않고 부하들에게도 틈틈이 전했던 것이지요. 과연 병사들은 리스너의 바람대로 기대에 어긋나지 않게 훌륭히 맡은 바 임무를 해냈습니다.

'한번 나빠진 평판은 되돌리기 힘들다.'라는 격언이 있습니다. 그런데 그 원리가 '나빠진 평판'에만 작용하는 것은 아닙니다.

오히려 한번 이루어진 '좋은 평판'은 자발적인 상승 효과를 일으켜 계속 또 다른 좋은 평판으로 이어질 때가 많지요. 내가 장점을 북돋아준 상대방이 그렇게 되도록 끊임없이 스스로 노력하기 때문입니다. 누군가에게 한번 좋은 평가를 받으면 그 기대에 부응하려는 모습을 지속적으로 보이게 되는 것이지요.

"재소자를 만날 때, 그가 신사인 것처럼 정중히 대하라. 신사 대우를 받은 그는 스스로 부끄럽지 않게 행동하려고 노력할 것이다. 누군가가 자신을 존중한다는 사실을 그가 더없이 뿌듯하게 생각할 테니까."

이것은 씽씽교도소 소장 루이스 로즈의 말입니다. 여기에도 상대방 스스로 기대에 어긋나지 않게 행동하도록 만드는 비결이 담겨 있습니다.

## 〈여덟 번째 이야기〉 격려해서 자신감을 심어 줘

내 친구 중 한 사람은 마흔 살이 훌쩍 넘어 결혼했습니다. 그의 아내는 청소년 시절부터 댄스 스포츠를 취미로 즐겼지요.

그들이 한창 연애할 때, 그녀가 친구에게 말했습니다.

"우리가 결혼하면 취미 생활도 함께하고 싶어. 자기도 댄스 스포츠를 배우면 좋겠어."적극적으로 개척해 나가는 의지의 인물로 변한 계기를 설명한 것입니다.

그 말을 들은 친구는 난감했습니다. 왜냐하면 그 친구는 고등학교 시절 학교 체육 시간에 댄스 스포츠의 기초를 배운 것이 전부였기 때문이지요.

그 후에는 다른 친구들과 파티에 참석해 간단한 사교댄스나 몇 번 춰봤을 뿐입니다. 그는 고민 끝에 댄스 학원에 가서 춤을 배우기로 결심했지요.

그런데 친구는 처음 찾아간 댄스 학원에서 크게 실망만 하고 말았습니다. 강사의 잘못된 교육 방식에 그나마 있던 의욕까지 잃어버렸지요.

수강 첫날, 강사가 그에게 말했습니다.

"아이고, 정말 엉망이시네요. 이제 그런 춤을 추면 구닥다리 취급받기 십상이에요. 옛날에 학교에서 배운 것은 싹 다 잊고 우리 학원에서 기초부터 다시 배워야겠어요."

강사의 냉정한 평가를 들은 친구는 이튿날부터 학원에 나가지 않았습니다. 그것이 설령 틀린 말은 아니라 하더라도 자존심에 상처를 입었기 때문이지요.

다행히 친구는 머지않아 아내가 될 사람의 바람을 떠올리며 춤 배우기를 포기하지 않고 다른 댄스 학원을 찾아갔습니다. 그곳의 강사는 앞서 만났던 강사와 달랐지요.

"솔직히, 선생님의 춤 실력은 부족한 점이 많습니다. 하지만 리듬감이나 열정만큼은 최고시네요. 앞으로 저와 함께 노력하면 금세 발전하실 것 같아요. 무엇보다 댄스 스포츠를 즐기겠다는 마음가짐을 가지시면 됩니다. 그렇게 매일 조금씩 연습하다 보면 실력은 저절로 늘게 마련이지요. 이미 춤도 좀 춰보셨잖아요?"

강사는 가벼운 농담까지 던지며 환한 표정으로 친구의 긴장을 풀어 주었습니다. 친구는 다시 춤을 배우겠다는 의욕을 불사르며 열심히 학원에 나갔지요. 아직 자기 자신이 부족하다는 것을 잘 알았지만, 두 번째 만난 강사의 격려 덕분에 용기를 낼 수 있었습니다.

어린이 여러분, 내 친구가 찾아갔던 댄스 강사 두 사람의 차이점을 알겠지요?

우리가 큰맘 먹고 무엇을 배우려고 할 때, 만약 상대방이 나의 단점만 부각시키며 재능이 없다고 야단치면 의욕부터 상실하게 됩니다. 그리고 자존심이 무너져 더 이상 그것을 배울 시도조차 하지 않게 되지요.

그와 달리 상대방이 얼마 되지 않는 나의 장점을 찾아내 격려하면 없던 재능도 솟아나게 됩니다. 나 스스로 상대방의 기대를 무너뜨리지 않기 위해 열심히 노력하게 되는 것이지요.

나 역시 친구와 비슷한 경험을 한 적이 있습니다. 나는 평소 카드 게임에 이렇다 할 흥미를 느끼지 못하는 편입니다. 그러다 보니 규칙을 모르는 게임이 적지 않지요.

어느 날, 나는 한 모임에서 카드 게임에 참여하게 됐습니다. 그와 같은 사교 모임에서는 설령 내가 즐기지 않는 놀이라고 해도 함께 어울려야 할 때가 있지요. 나는 카드 게임에 별 재미를 못 느끼지만 기꺼이 그들과 자리를 같이 했습니다. 문제는 내가 그들이 시작한 브리지 카드 게임의 규칙을 헷갈려 한다는 사실이었지요. 내가 좀 당황스러운 표정을 짓자 곁에 있던 로엘 토머스가 말했습니다.

"브리지 카드 게임을 많이 안 해보셨군요?"
"네....... 두어 번 해보기는 했는데, 갑자기 게임 규칙이 잘 떠오르지 않네요."

나의 솔직한 고백에 토머스는 미소를 띠며 말을 이었습니다.

"너무 걱정 마세요. 알고 보면 그다지 복잡한 규칙이 아니니까요. 약간의 기억력과 판단력만 있으면 누구든지 이 게임을 즐길 수 있습니다. 혹시 잘 생각나지 않는 규칙이 있으면, 그때그때 제가 설명해 드리지요."
.

나는 토머스의 격려에 모든 걱정이 눈 녹듯 사라졌습니다. 그리고 어느새 브리지 카드 게임에 빠져들고 있는 나 자신을 발견할 수 있었지요.

　그만큼 격려의 힘은 대단합니다. 격려가 상대방의 자존심을 지켜주고, 자신감을 갖게 하지요. 만약 여러분의 친구가 어떤 꿈을 이야기한다면, 그가 가진 아직은 별 볼 일 없는 재능과 장점을 찾아내 격려해 줘야 합니다. 그러면 그 재능과 장점이 무럭무럭 자라나 친구의 꿈을 현실로 만들게 됩니다.

## 〈아홉 번째 이야기〉 기꺼이 수긍하게 해

1914년, 제1차 세계 대전이 일어났습니다. 유럽의 여러 나라들이 인류 역사상 유례를 찾아보기 어려운 전쟁의 공포를 겪었지요. 평화가 다시 올까, 아무도 장담할 수 없었습니다. 매일같이 수많은 사람들이 다치고 목숨을 잃었습니다.

전쟁이 발발한 지 1년 후, 미국의 제28대 대통령 우드로 윌슨은 전쟁을 치르고 있는 각국 지도자들과 평화를 협의하기 위해 사절단을 파견하기로 결정했습니다. 그때까지 전쟁에 참여하지 않았던 미국은 어떻게든 유럽의 평화를 되찾을 방법을 고민했지요.

윌슨 대통령은 평화 사절단의 대표로 누구를 보낼지 곰곰이 생각에 잠겼습니다. 첫 번째 유력한 후보는 국무장관 윌리엄 브라이언이었지요. 그 스스로 평화 사절단 대표 임무를 맡고 싶어 했습니다. 세계사에 자신의 이름을 길이 남길 중요한 임무라고 판단했기 때문이지요. 그러나 윌슨 대통령은 자신의 군사 보좌관인 에드워드 하우스 대령에게 평화 사절단의 대표를 맡기기로 마음먹었습니다.

"자네가 유럽 각국이 전쟁을 끝내고 하루빨리 평화를 되찾도록 노력해 주게."
"알겠습니다, 대통령 각하. 최선을 다하겠습니다."

하우스는 내심 부담감이 컸지만 자신을 믿고 중요한 임무를 맡겨 준 대통령을 실망시키고 싶지 않았습니다. 다만 한 가지, 국무장관 브라이언이 그 사실을 알고 몹시 서운해 하지 않을까 걱정이었지요. 실은 하우스와 브라이언이 절친한 친구 사이였거든요.

그날 저녁, 하우스가 브라이언을 만나 조심스럽게 말문을 열었습니다.

"자네도 이미 알고 있겠지만, 내가 평화 사절단의 대표가 됐네. 자네가 맡고 싶어 한 임무인데 미안하게 됐네."

"미안하긴 뭐....... 대통령께서 자네의 능력을 더 믿어 그러신 것 아니겠나?"

브라이언은 이렇게 대답하면서도 서운한 낯빛을 감추지 못했습니다. 하우스가 다시 말했지요.

"그런데, 사실 이번 결정에는 비밀이 하나 있네."

"비밀? 그게 뭔가?"

뜻밖의 이야기에 고개를 갸웃하는 브라이언에게 하우스가 말을 이었습니다.

"대통령께서는 이번 일을 매우 조심스럽게, 절대로 외부에 알려지지 않게 추진하고 싶어 하시더군. 그런 까닭에 사람들에게 너무나 잘 알려진 자네보다는 내가 적임자라고 판단하신 것 같아. 나 같은 군 장교가 유럽 행 비행기를 타봤자 누가 신경이나 쓰겠나? 하지만 자네는 국무장관인데다 국민적 관심을 끄는 인물이니 상황이 다르지."

하우스의 말에 그제야 브라이언의 굳은 표정이 풀어졌습니다.

하우스의 이야기가 전부 사실인지는 알 수 없지만, 어쨌든 그의 설명이 브라이언의 서운한 마음을 녹인 것은 틀림없었지요. 자신이 더 유명하고 중요한 인물이라는 데 기분 나빠할 사람은 없을 테니까요. 하우스는 '상대방이 내 말을 기꺼이 수긍하게 하라.'라는 인간관계의 규칙을 충실히 따른 셈이었습니다.

윌슨 대통령 역시 자신의 군사 보좌관인 하우스 못지않게 그런 규칙을 잘 지키는 인물이었습니다. 윌슨은 새로 장관을 임명할 때마다 "당신이 이 부처의 책임자가 되어 나를 도와주면 더없이 기쁘겠습니다."라고 말했지요. 그런 말을 듣고 상대방의 요구에 수긍하지 않을 사람이 어디 있을까요? 어쩌면 하우스는 평소 그와 같은 윌슨의 행동을 보며 인간관계의 중요한 규칙 하나를 터득했는지 모를 일이었습니다.

물론 나도 '상대방이 내 말을 기꺼이 수긍하게 하라.'라는 인간관계의 규칙을 항상 명심하고 있습니다. 나는 바쁜 일정 중에 갑작스런 강연 요청을 받을 때가 종종 있지요. 웬만하면 그 부탁을 들어주려고 해도 도저히 시간이 나지 않는 경우가 있습니다, 그러면 나는 강연을 의뢰한 상대방에게 다음과 같이 말하고는 합니다.

"다른 훌륭한 분들도 많은데, 제게 강연 요청을 해주셔서 고맙습니다. 저도 꼭 그곳에 가서 여러분을 만나고 싶지만 이번에는 스케줄이 맞지 않네요. 미안합니다. 다음 기회에는 되도록 시간을 내보지요. 그리고 괜찮다면 제가 다른 강연자를 한 분 소개해 드릴 수도 있습니다."

내가 이렇게 이야기하면 대부분의 사람들은 흔쾌히 다음 기회를 기약합니다. 아울러 어떤 강연자를 소개해 줄 것이냐고 묻지요. 그것은 나의 솔직한 사과와 제안이 그들의 마음에 호의로 다가갔다는 증거입니다. 나는 다시 이렇게 말을 잇지요.

"제 친구인 『브루클린 이글』지의 편집장 클리브랜드 로저스에게 강연을 부탁하면 어떨까요? 아니면, 가이 히콕은 어떨지 모르겠네요. 그는 유럽 특파원으로 파리에서 15년이나 살아 재미있는 이야깃거리가 참 많은 친구거든요. 또 인도에서 여러 차례 맹수 사냥을 한 경험한 리빙스턴 롱펠로우도 제가 소개시켜 드릴 만한 강연자입니다."

그러면 상대방은 대개 내 이야기에 등장한 한 친구에게 강연을 맡기고 싶다고 부탁합니다. 그 순간 조금은 난감했던 일이 어느 누구의 감정도 상하지 않게 하면서 자연스럽게 해결되지요. 그역시 내가 '상대방이 내 말을 기꺼이 수긍하게 하라.'라는 인간관계의 규칙을 지켰기 때문에 가능한 일입니다.

어린이 여러분, 어느덧 '제4장 불만 없이 사람들을 변화시키는 9가지 방법'의 모든 이야기를 마쳐야 할 때가 되었습니다. 그럼 다시 한 번 그 내용을 마음 깊이 되새겨 보면서 이번 장을 끝내도록 하지요.

☑ 1. 칭찬과 감사의 말로 시작해.

☑ 2. 미움 받지 않게 비판해.

☑ 3. 나의 잘못을 먼저 이야기해.

☑ 4. 명령하지 마.

☑ 5. 상대방의 자존심을 살려 줘.

☑ 6. 칭찬이 성공을 이끈다.

☑ 7. 장점을 북돋아 스스로 변하게 해.

☑ 8. 격려해서 자신감을 심어 줘.

☑ 9. 기꺼이 수긍하게 해.

## 잠깐, 생각해봐

[책을 닫으며]

어린이 여러분, 지금까지 내가 설명한 인간관계의 여러 규칙들을 잘 이해했나요?

나는 원래 어른들을 염두에 두고 이 책을 기획했기 때문에 어린이들이 보기에는 선뜻 이해하기 어려운 내용이 있을지 모르겠네요. 하지만 어른이든 어린이든 모두 인간이라는 면에서는 똑같은 존재입니다. 다른 사람들을 대할 때 지켜야 할 예의와 태도가 다르지 않지요. 따라서 이 책의 내용을 반복해서 읽고 가슴 깊이 명심한다면, 어린이 여러분이 친구들을 사귀거나 앞으로 성장해가는 데 여러모로 도움이 될 것이 틀림없습니다.

자, 그럼 마지막으로 중요한 한 가지 당부를 전하며 이 책을 마무리하겠습니다. 그것은 다름 아니라, 누군가에게 뭔가를 부탁할 때 지녀야 할 바람직한 태도에 대한 것입니다. 간단히 정리해 보겠습니다.

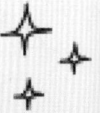

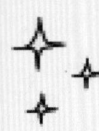

첫째, 다른 사람에게 부탁할 때는 그 사람을 기분 좋게 만들어라.

이를테면 "바쁘실 텐데, 제게 시간을 내주셔서 고맙습니다."라거나 "친절하게 도움 주신 점 잊지 않겠습니다."라는 말을 듣고 불쾌해할 사람은 없습니다. 그 경우 도움을 준 사람은 자신의 노력이 헛되지 않다고 생각해 기뻐할 것이며, 앞으로도 자기가 도움을 베푼 사람과 친하게 지낼 확률이 높지요.

둘째, 다른 사람에게 부탁할 때는 그가 중요한 사람이라는 생각이 들게 하라.

여러분이 낯선 마을을 여행하고 있다고 가정해 보아요. 만약 그곳 주민에게 길을 물어봐야 할 상황이 생긴다면 절대로 상대방을 업신여기면 안 되지요. 아무리 상대방의 옷차림이 남루하고 흙범벅이 된 채 험한 일을 하고 있더라도 예의를 갖춰야 합니다. 그것이 인간으로서 마땅히 지켜야 할 바람직한 태도이며, 또 뭔가를 부탁하는 입장에서 자신을 낮추는 것은 당연한 일이지요. 만약 여러분이 "제가 이 마을을 처음 여행하는 터라 길을 잃었습니다. 선생님께서는 이 마을 구석구석 모르시는 게 없을 테니 저를 좀 도와주십시오."라는 식으로 부탁한다면 누구라도 흔쾌히 도움의 손길을 내밀 것입니다.

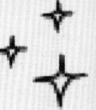

셋째, 다른 사람에게 부탁할 때는 그 사람이 나에게 호감을 느끼게 하라.

이번 이야기는 벤저민 프랭클린의 일화로 설명하겠습니다. 그가 필라델피아 시의회 의원으로 활동했을 때 이야기입니다. 당시 프랭클린에게는 정치적 라이벌이 있었는데, 그가 어떤 부탁을 한 것을 계기로 두 사람은 절친한 친구가 됐지요. 대체 무슨 일이 있었을까요? 프랭클린이 한 인터뷰에서 했던 말을 옮겨 보겠습니다.

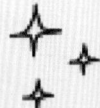

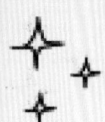

"어느 날, 나는 우연히 그의 서재에 아주 진귀한 책이 있다는 이야기를 들었습니다. 그래서 곧장 편지를 써서 며칠 동안 빌려줄 수 있겠느냐고 부탁했지요. 나는 그에게 같은 정당 동료 의원을 대하듯 솔직하고 다정하게 이야기했습니다. 그는 즉시 책을 보내왔지요. 그로부터 일주일 후, 나는 그의 호의에 정말 감사한다는 메모와 함께 책을 돌려보냈습니다. 그 후 의회에서 다시 만났을 때, 그는 전에 없이 호감어린 표정으로 내게 말을 건넸지요. 그 다음에 우리는 서로의 부탁을 기꺼이 들어주었고, 점점 둘도 없는 친구 사이가 되었습니다."

벤저민 프랭클린의 말이 어떤 의미인지 이해했나요?
네, 그렇습니다. 그의 이야기에는 상대방에게 뭔가를 부탁할 때 그 사람이 호감을 느끼게 하면 도움을 받을 뿐만 아니라 친구가 될 수도 있다는 교훈이 담겨 있지요. 뭔가를 부탁할 때 상대방이 자존감을 갖게 하고, 상대방의 지식과 성취를 돋보이게 하면 그 사람도 나에게 호감을 느끼게 마련입니다.

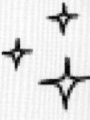

 어린이 여러분! 다시 한 번 강조하지만, 나는 이 책을 통해 다른 사람에게 아첨하거나 잔재주 부리는 기술을 전하려는 것이 절대 아닙니다.

 내가 이 책에서 이야기한 인간관계에 관한 모든 규칙과 기술은 진심에서 우러나올 때만 효과가 있습니다. 나는 그와 같은 새로운 삶의 방식을 알려줘 여러분이 자라나는 데 조금이나마 도움이 되기를 바랄 뿐입니다.

*Dale Harbison Carnagey*

# 10대를 위한 데일카네기 인간관계론

**초판 발행** 2024년 7월 7일
**초판 인쇄** 2024년 7월 17일

**지은이** 콘텐츠랩 **그림** 지연
**펴낸이** 김태헌
**펴낸곳** 핑크물고기

**주소** 경기도 고양시 일산서구 대산로 53
**출판등록** 2021년 3월 11일 제2021-000062호
**전화** 031-911-3416
**팩스** 031-911-3417